The McKinsey Way

Techniques for Taking Notes on Problem-Solving

マッキンゼーのエリートはノートに何を書いているのか

トップコンサルタントの考える技術・書く技術

大嶋祥誉

SB Creative

私にとってノート術というのは
他人の話を書き留めるためのものではない。
あくまで自分の思考を整理するためのものである。

大前研一
（経営コンサルタント・元マッキンゼー日本支社長）

はじめに

マッキンゼーのノート術はいったい何が違うのか

問題解決のためのノート術へのご招待

皆さんは、何のためにノートを取っていますか？

とりあえずノートに書いておかないと忘れてしまうから。ノートを取るのは習慣だから。あとで読み返すために——。

いろいろ思い浮かぶかもしれませんが、ほとんどの人にとって「ノートを取る」という行為は、勉強でも仕事においても、あまりにも当たり前の習慣になりすぎていて、「何のため」などという問いをしたことがないと思うのです。

では、そうした「当たり前のように取っているノート」は、どんな使われ方になっているでしょうか。

講義や会議の内容を書き留めただけ。キレイに色分けされているけれど、何を書いたかは覚えていない。真面目にノートは取っているけれど、何かに生かされているかといえば疑問……。

もし、そんなことになっていたら、ちょっともったいないかもしれません。

なぜって、本来のノート術には、もっとすごい力があるからです。

これからこの本でお伝えするマッキンゼー流のノート術とは、よくある「勉強の効率化」「仕事の情報整理」のためのノート術ではありません。

マッキンゼーでは何のためにノートをつくり、ノートを使うのか。答えは、シンプル。**問題解決を行うために、ノートを「思考ツール」「問題解決ツール」として使う**のです。

真の問題を定義し、問題そのものを構造化し、事実と、そこから導き出せる解釈、そして解決策となる行動までをノート上で明らかにするために、自分の手を動かすのです。

そもそも、私たちは何のために仕事をするのでしょうか?

ひと言で言えば、どんな仕事も「問題解決」をするためです。究極的には、クライアントや自分たち、あるいは世の中の「これをなんとかしたい」「こうなればいいな」という問題解決を目指しています。問題解決のためのあらゆる作業の出発点であるノートがうまく使えていなければ、問題解決というゴールにたどり着くことはできません。

逆に言えば、**問題解決の上手な人は、すでに最初のノートの段階からノートの中で問題解決ができている**のです。問題の定義、事実の分析や整理、仮説と解決策の見極め、具体的な行動まで、問題解決ができる人のノートは、それらがすべて明確になっています。

つまり、ノートの中で自分で手を動かしながら問題解決の準備、予行、行動まで「済ませている」から、本番の行動でも余裕があるわけです。もしも、それをせずに問題解決を頭だけで考えて実行しようとしていたのでは、うまくいくわけがありません。

では、いったいどうすれば「ノートを使って問題解決」できるようになるのか。

じつは、その秘密が『マッキンゼー流 入社1年目 問題解決の教科書』(SBクリエイティブ刊）でも取り上げた、マッキンゼーの「新人研修プログラム」にありました。

軍隊のBoot Campさながらの実践的な研修の中で、**問題解決のためのプロの「考え方」を徹底的に叩き込まれたことで、必然的に「ノートの取り方」「ノートの使い方」がマッキンゼー流に変わっていった**のです。

研修で、まっさらな私たち新人を待っていたのは、徹底した「問題解決思考」の洗礼でした。

たとえば、「自動車市場の動向を調べてほしい」というテーマが与えられたとして、業界白書に書いてあるような情報を集めてアウトプットしたとしましょう。すると、矢継ぎ早に「何が言いたいの？」「だから何？」「真の問題は何？」「それはなぜ起こっている？」「仮説は？」ということを問われます。

つまり、ただの感想や白書的な調査結果を伝えても意味がないということなのです。

新人だからといって、クリティカルでロジカルな（重要なことを論理的に導き出す）思考をせず、表面的な思いつきだけで物事を捉えたら容赦はありません。「市場が伸び悩んでいる？　だから何なんだ？（So What?）その要因は？（Why So?）」と、問題の本質に迫って、それを明らかにするよう求められ、そのための思考を訓練されるのです。

研修を終えＢＡ（ビジネスアナリスト）として、いろいろなリサーチ（さまざまな国のオフィスから来る調査依頼など）やスタディ（コンサルティングのプロジェクト）にアサインされるようになっても、すべての思考と行動は「問題解決のため」というベクトルに徹底されていました。

何のために情報を集める？　⬇　問題解決のため
何のためにインタビューする？　⬇　問題解決のため
何のために現場でリサーチをする？　⬇　問題解決のため
何のためにイシュー（もっとも重要な課題）を考える？　⬇　問題解決のため
何のために仮説を立てる？　⬇　問題解決のため

これらの一連の思考と行動を闇雲《やみくも》に行っても、問題解決はできません。なぜなら、一つの問題であっても、それらを取り巻く状況は複雑で、分析すべき情報や事実、起こっている現象、想定される要因、課題と解決策はいくらでも考えられるからです。

ノートで真の問題を定義して、解決までのサマリーを明らかにすることなく、適当に問題解決に走り始めたら、その先に待っているのは「あれも考えられる」「これもある」というカオス（混沌）状態です。

先ほどの「自動車市場の動向調査」のケースにおいても、何かアウトプットを出そうとして、適当に思いついたことからやっていっても、「これだ！」というようなグッとくる解決策は出てこないでしょう。

手を動かしながら、自分の頭で考えろ！

そこで、重要になってくるのがノートです。

私が在籍していた当時のマッキンゼーでは、**オリジナルの通称「マッキンノート」と市**

販の「方眼ノート」「ケンブリッジノート」の3種類のノートが使われていました。

それしか使ってはいけないということではなかったのですが、問題解決にフォーカスする中で自然に、この3つのノートをみんなが活用していました。

それぞれのノートの特徴や使い方は、この本でも随所で紹介していきますが、本質的な問題解決につながる思考と行動をするために、まわりの同期や先輩たちがノートを「思考ツール」「問題解決ツール」として使っているのを見て、それまでノートに無頓着だった私も、マッキンゼー流のノート術を身につけていくようになったのです。

複雑な状況から的確に「真の問題」を見抜き、その要因も明らかにし、仮説を立てて検証し、最終的にクライアントが身を乗り出すような解決策＝打ち手を出していくには、何をしなければならないか。

重要なのは、何が真の問題かという「問題の定義」と、その問題を解決するための道筋を見つけ出すために「問題を構造化」すること。そのためにノートを使うのです。

構造化といっても難しいものではありません。問題を扱いやすくするために、ノートを

マッキンノート
プレゼンテーション（最終的なアウトプット）にフォーカスしたマッキンゼー独自の方眼ノート。

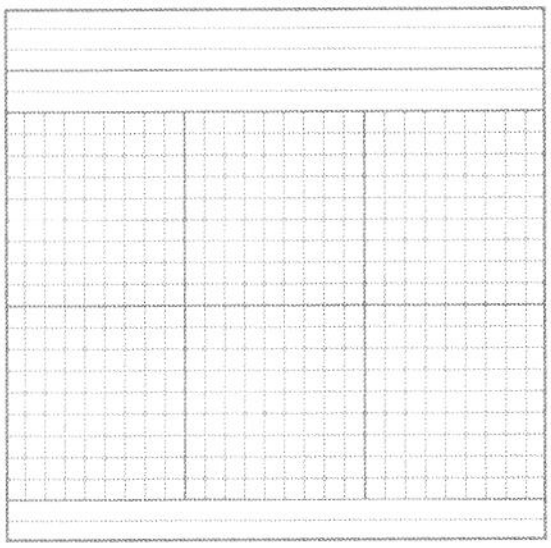

方眼ノート
問題の把握や、イシューの整理、問題解決全体の分析・設計をするための、思考の整理に使うノート。

ケンブリッジノート
キョクトウ・アソシエイツから発売されている7ミリ罫のリング綴じノート。主に情報収集、現場でのヒアリングやインタビューで使用。

使ってわかりやすくまとめることです。

頭の中だけでいくら考えてもカオスのままです。この方向で考えれば答えが出るだろうという道筋をつけるためには、思考を整理する必要があります。そのときに、「マッキンノート」「方眼ノート」「ケンブリッジノート」を使って、**問題解決につながる整理作業をノート上で自分の手を動かして行う**のです。

問題を解決するために、「考えること」はとても大切です。ですが、多くの人が「思考する」という行為から「解決のために動く」という行為に一足飛びに行きすぎています。

思考がきちんと整理されないまま、エイヤッで動いても、そのアクションが本当に問題解決につながるかどうかはわかりません。どんなことをすれば問題解決につながるのか見えないまま、思いつくままに解決策（打ち手）だけを変えて、いつまでも結果が出ないことを繰り返すのは賢いとはいえませんよね。やってみたけれど違ったね、というのでは時間や労力があまりにももったいないです。

だからこそ、「**思考する**」行為から「**解決のために動く**」という行為の間に、**ノートを使って「思考を整理する」「仮説を立てて当たりをつける」という行為を挟むことが大切**

になるわけです。つまり、問題を構造化して理解するのです。

自分の思考は「言葉」にして発することや、「文字」にして書くことで、混沌とした状態の思考から一歩抜け出して、本質的でクリアな思考ができるようになります。とくに、書くことは思考を明確に言語化することなので、何を伝えたいのかを整理することにつながるのです。

さらには、問題解決という目標を与えることで、ゴールがわからない状態の思考に「可能性」というベクトルを持たせることができ、その実現に向けて思考の整理が始まります。その作業を効率よく効果的に行うためにも、マッキンゼーでは自分の手を使ってノート上で問題解決を行うのです。振り返ってみても、そうしたノート思考にもマッキンゼーのすごさの一端があり、今でもとても役に立っています。

この本の目的は、私がマッキンゼーの新人時代に上司や先輩あるいは同僚から学び、また現場で叩き込まれた「ノートを使った問題解決のための手の動かし方＝ノート思考」を紹介しながら、皆さんにも**「問題解決」のための仮説や道筋を発見する瞬間**を体験してもらうこと。

ここで言う「マッキンゼー流」とは、あくまでも私の個人的見解に基づいてはいますが、この「マッキンゼー流」ノート術を身につけることで、皆さんが手にするメリットはいくつもあります。たとえば――

- **自分の思考が目に見えるようにクリアになる**
- **遠回りや無駄な作業をなくせる**
- **その発想はなかった！と評価されるようなグッとくるアイデアが出せる**
- **悩みや課題に対して「こうすればいい」という当たりを早くつけられるようになる**
- **どんな状況でも、本当に効果のある解決策を見つけられる**

などなど。

つまり、スピード感を持ってクオリティの高い仕事＝問題解決ができる人になれるのです。

なぜ、ノートの使い方を変えることで仕事がサクサクできるようになり、同時にクオリ

「仕事のスピード」と「クオリティ」のマトリクス

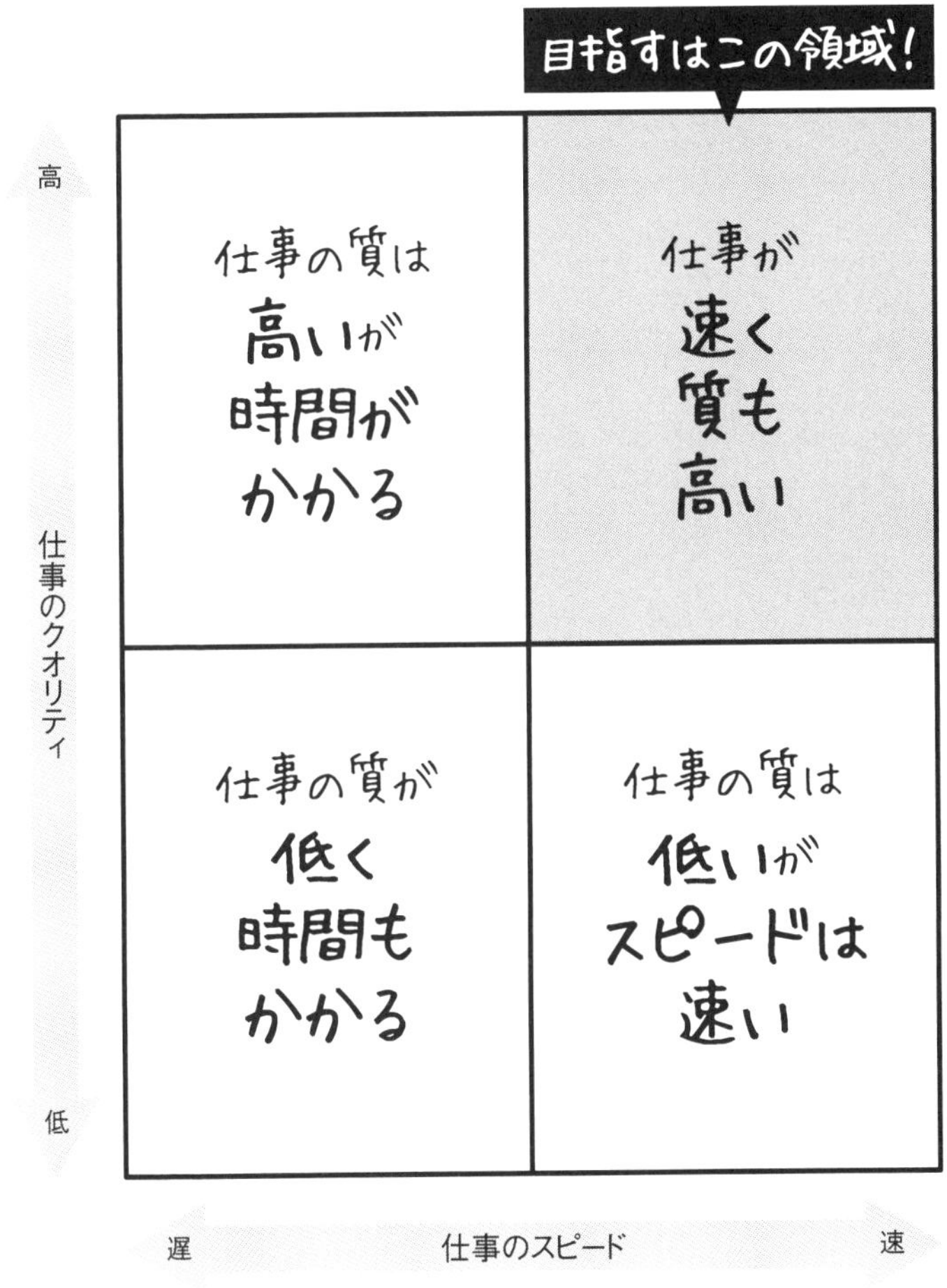
目指すはこの領域！
高
仕事のクオリティ
低
遅
仕事のスピード
速
仕事の質は高いが時間がかかる
仕事が速く質も高い
仕事の質が低く時間もかかる
仕事の質は低いがスピードは速い

ティも上げられるのか。それは実際に手を動かしながらノートと向き合うことで、「仕事のスピード」と「クオリティ」を同時にアップさせる「回路」が強化されるからです。もちろん、そうなる仕組みもこの本の中でご説明します。

問題解決ができる人になるには、仕事は速いけれどクオリティが低い、雑な仕事が多いというのではダメ。逆に、クオリティが高く丁寧な仕事ができるけれど時間が異様にかかってしまうというのも、問題解決の機を逃してしまうのでよくありません。

目指したいのは「仕事のスピード」であり、かつ「クオリティ」も兼ね備えている人。たとえば、プレゼンテーション資料や提案書をつくっても、何度もやり直しをするロスがなくなったり、面倒な問題でも「きっとこれが本当の原因だから、こうすればいい」という仮説と解決策をサッと見つけ出し、実行できる人です。

つまり、「仕事が速く、クオリティも高い」と呼ばれる「仕事ができる人」に導いてくれるのが、マッキンゼー流ノート術の特徴なのです。

多くのマッキンゼー卒業生が今も、ノート術を生かして各方面で活躍している事実が、そのことを何より物語っています。

これからお伝えする**「マッキンゼー流ノート術」は、特別なノートや複雑なノウハウを必要とするものではありません。**

意外なほどシンプルで、けれどノートとペンさえあれば、いつでもどこでも問題解決へ向けた思考を展開できるワクワク感あふれる「ノート術」です。

そう、まるで、困ったときにいつもそばにいてくれて、夢のある解決策をポケットから出してくれる〝ドラえもん〟のようなノートなのです。

この本を読んでいただいている方は、自分のことや自分の周囲で解決したいこと、実現させたい何か＝問題を持っているはずです。

それらを「問題解決」と位置づけるなら、頭の中だけで「どうしよう」と考えたり、考えがぼんやりしているのに「とりあえず」行動してしまうのではなく、まずノートを用意して手を動かしてみましょう。

ノートの中で手を動かしながら、マッキンゼー流の思考整理をすることで「問題解決」の道筋ができ、スムーズにアクションできる心地よさと成果を手に入れられるはずです。

それでは早速、問題解決のためのノート術を一緒に体験していきましょう。

CHAPTER 1
マッキンゼー流 プロフェッショナル・ノートの流儀

CHAPTER
2
マッキンゼー流「問題解決ノート」の使い方

CHAPTER 3 マッキンゼー流 ノートで結果を出す

CHAPTER 4

マッキンゼー流 ノートで自分を磨く

CHAPTER 1

マッキンゼー流
プロフェッショナル・ノートの流儀

そもそも「ノート」とは何のためにある？

皆さんはノートといえば、何をイメージされるでしょうか？

記録を残すためのメモ、頭の整理のため、アイデア出しや発想を書き留める、学生の方なら、先生の板書を書き写す……。

いろいろあるでしょう。でも、それらは、一旦、ここでは忘れてください。

今からこの本でお伝えするマッキンゼー流のノート術とは「問題解決のためのノート術」。単なる「ノートを取る」という次元ではなく、問題解決に強くフォーカスしたノート術です。

世界最強のコンサルティングファームと呼ばれるマッキンゼーは、問題解決の集団です。日々の仕事はすべてクライアントの問題解決にフォーカスされています。

それ以外の余計なものはいらない、というぐらいです。つまり、ノートを使うこと一つをとっても、ただなんとなくノートを取るなんてあり得ません。すべては問題解決のためであり problem-solving first（問題解決最優先）です。

そもそも、勉強にしても仕事にしても「ノート」とは、何のためにあるのでしょうか。ノートの最大の特徴は「書く」という行為を伴うことです。

付箋をつけたり、メモと一緒に切り取った資料を貼りつけたり、あるいはスクラップブック的に使うというケースもありますが、紙のノートでは書いていくことが基本。では、なぜ私たちはノートに書くのか。

あまりにも当たり前の行為すぎて、日頃は意識しないかもしれませんが、私たちがノートに書くという行為をするのは、**書くことで思考を深め、さらに思考を整理して記憶の定着を促進するため**です。

手で書くという行為が、私たちの脳に刺激を与え、思考に広がりと深さをもたらすだけでなく、さまざまな情報を関連づけてくれるのです。

少しだけ、そのメカニズムをたどってみましょう。

ノートは「第2の脳」

じつは、私たちは3つの「脳」を持っています。

全体としては、頭の中に一つの脳があるように認識していますが、その脳の機能を詳しく見ていくと、**私たちの脳は機能別に3つの「脳」から成り立っている**のです。

まず、いちばん奥にあるのが「脳幹」と呼ばれる原始的な脳です。ここでは生命活動を維持するために大切な呼吸中枢や体温、自律神経などの調節をしています。

次に真ん中にあるのが「大脳辺縁系」と呼ばれるもので、人間の持つさまざまな欲や喜怒哀楽の感情をコントロールしている部分。そして、いちばん外側にあるのが「大脳新皮質」で、五感の働きや運動、言葉や記憶、思考、推理などの高度な機能を果たし、いわば人間としての知的な活動を支えている脳です。

こうした機能を持っている私たちの脳が、いろいろなものを「記憶」してくれているわ

3つの脳の概念図

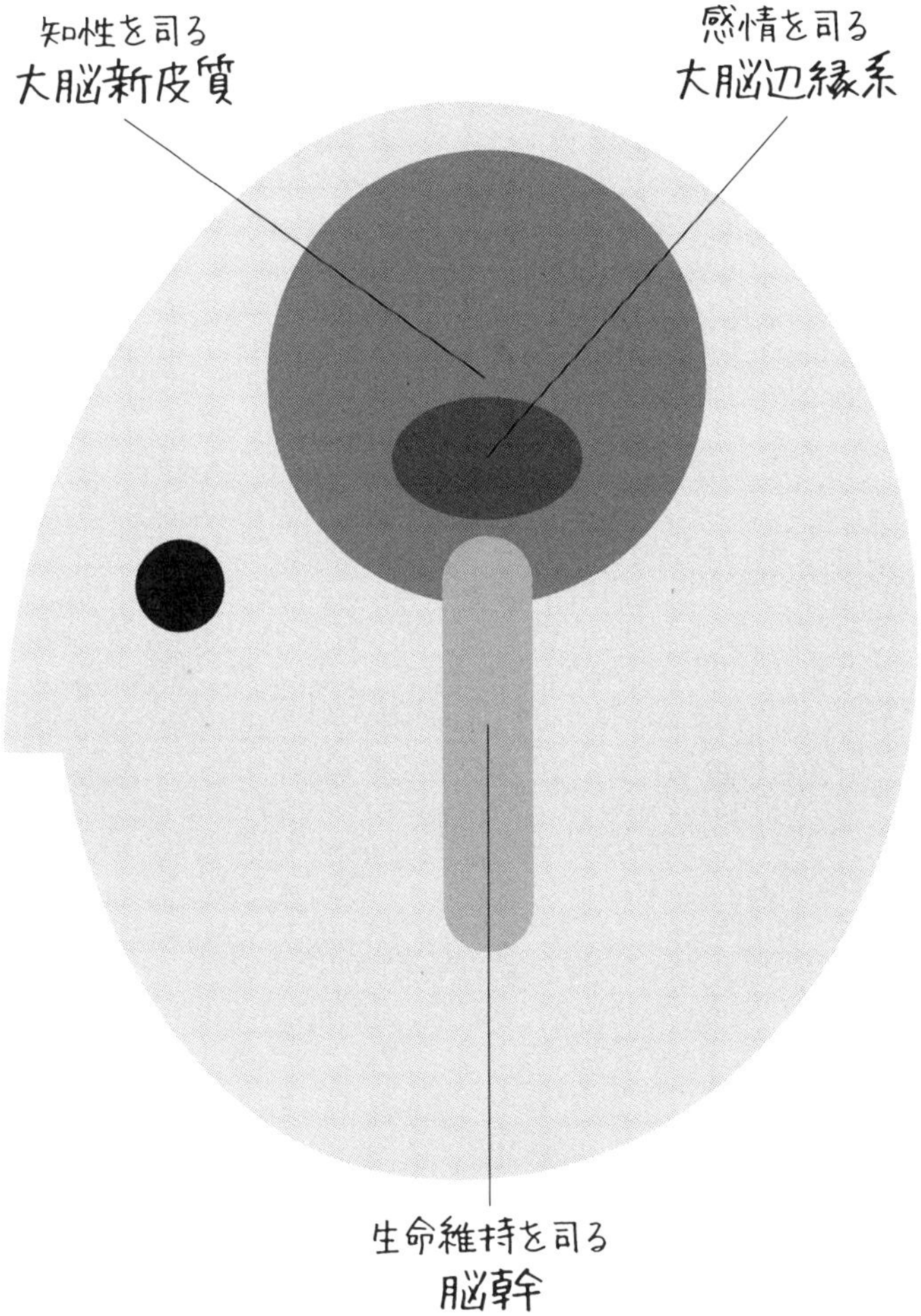

けですが、記憶のパターンにも2種類あります。
一つは「陳述的記憶」と呼ばれるもので、いわゆる「頭で覚える」タイプの記憶。そしてもう一つが「手続き記憶」で、こちらは「体で覚える」タイプの記憶です。

試験勉強などで一生懸命暗記したのに、なかなか覚えられない。あるいは、やっとのことで覚えられたのに、一晩寝たらほとんど忘れてしまった。皆さんも、そんな経験があると思いますが、そうした「頭で覚える」タイプの記憶が定着しにくいのには理由があります。

頭で覚えようとしたことは、脳の中でも「大脳辺縁系」にある「海馬」で処理され、覚えようとしたものの中から重要性の高いものだけを、記憶を司る「大脳新皮質」に送って保存していきます。
つまり、「海馬」で一度フィルターにかけられるために、覚えたことがすべて記憶されるとは限らないわけです。

それに対して「体で覚える」タイプの「手続き記憶」は、海馬ではなく、海馬よりも奥にあり、人間の運動に必要な筋肉の動きをコントロールしている「大脳基底核」と「小脳」のニューロンネットワーク（神経回路網）で処理されます。

ここでは、その動きそのものを記憶していくために、一度、刻まれたものは忘れにくくなるのです。子どもの頃に初めて自転車に乗って、最初は何度も転びながらも、一度、乗り方を体で覚えてしまえば、そのあと何年も乗らなくてもずっと乗り方を覚えていられるのは、そうした働きがあるからなんですね。

さて、ここで「ノート術」と記憶の関係が出てくるわけですが、勘がいい方はもうおわかりのように、「ノートに書く」という行為は、頭だけで覚えるのではなく、手という体の一部分を使っています。

つまり、頭だけで覚えるのに比べて、**ノートにペンを走らせて「体で覚える」ほうが、脳の活用部分が多いため思考の整理も働かせやすく、しかもその後の記憶も定着しやすくなる**のです。

あえて言うなら、ノートは脳の一部であり、まさに思考を活性化するための脳の作業メモリを開けてくれる〝第2の脳〟のような存在というわけです。

ノートに対する誤解とは

「ノートに書く」という行為は、私たちの思考と記憶、ひいては問題解決のための思考整理においてとても重要です。つまり、ノートを活用することは、そのまま「思考ツール」「問題解決ツール」を活用していることになるからです。

問題解決を行うためには、複雑な事象を整理して、何が真の問題なのかを定義しなければいけません。そして、その真の問題に対して「ここがもっとも重要な課題（イシュー）かもしれない」「こうすれば解決できるのでは？」という仮説を立てて検証し、もっとも適切な解決策を実行し、それがうまくいったかどうかを評価するというプロセスが必要になります。

問題解決の基本プロセスを整理すると、こうなります。

《問題設定とイシューを決める⬇課題を整理して構造化する⬇現場の情報をリサーチする

⬇解決策（打ち手）の仮説を立てる⬇仮説を検証する⬇解決策を決める⬇解決策を実行する》

さて、ここで質問です。

今、つらつらと問題解決のプロセスを述べましたが、果たしてこのプロセスをすべて最初から頭の中だけで的確に行うことができるでしょうか？

すごく訓練された人ならともかく、最初から頭の中だけですべての状況を把握して、解決への道筋をつけられる人は少ないと思うのです。マッキンゼーには、「歩く問題解決」と呼んでもおかしくないような天才がゴロゴロいましたが、そういった人もすべて頭の中だけで作業していたわけではありません。

ある先輩は、問題解決にとって**「肝心なのはノート思考」**だと言っていました。自分でペンを走らせながらノートを使って思考を深め、整理し、まるで自分の脳の中を触って動かすように、問題解決への道筋をつけていくのです。

つまり、問題解決のプロたちも**「ノートを使って手を動かしながら思考整理する＝ノー**

ト思考」を行うことでアウトプットを的確かつ最短最速のスピードで行っているのです。

それならば、どんなノートの使い方をしていても問題解決ができるのかと言えば、そんなことはありません。

私が見るかぎり、多くの人の「ノート」に対する認識は間違っています。いつもノートを取って真面目に一生懸命取り組んでいるのに、なかなか結果が出せない＝問題解決につながらないという人の多くが、ノートをこんなふうに使っています。

- **とりあえずのメモ**
- **単なる記録や議事録**
- **思考の書き殴り**
- **見た目だけきれい**

こうしたノートとの接し方、ノートの使い方に決定的に足りないものは「**ノートを使って思考を深め、整理する**」という要素です。

問題解決のためのノート術とは「とりあえずノートを取る」というものではありません。

私たちはよく「ちゃんとノートに取らないから忘れるんだ」「ノートの取り方が悪いから、あとで困るんだよね」というようなことを言ったり言われたりしますが、問題はそこではないのです。

ノートは、言われなくてもほとんどの人が取っています。しかし、多くの人がノートを取ることとそれ自体に重きを置いていたり、ノートを取ることで完結してしまっていて、ノートを取りながら問題解決につながる思考整理や新たな発見ができていないのです。

ノートはアウトプットのためにある

さらに言えば、「マーカーで色分けした効率のよいノートの取り方」や「見た目も美しく読み返したくなるノート整理」といったテクニカルな要素がメディアでもよく取り上げられています。

それらは決して意味がないわけではないのですが、問題解決の視点から見ると、どれも本質ではありません。なぜなら、いくらカラフルに色分けしたノートがつくれても、そこで満足して問題解決につながらなければ意味がないからです。

とくに**仕事のうえで取るノートは、何かのアウトプット=成果物につなげるためのもの。**「真の問題はこれだ」「ここを変えれば状況が大きく動く」というようなアウトプットが見えてこないノートをいくら美しく取っていても、それでは単なる自己満足で終わってしまいます。

ノートを使うという行為は、本来、頭の中にある思考をアウトプットするためのもの。そのアウトプットも自分のためであることはもちろん、他人に伝えたり、自分以外の誰かのために知識や知恵を整理して伝授していくためにするものです。

ノートを使うことで、そうしたみんなのための知識や知恵を保存したり、広げていったりすることもできるわけです。

ノートの見た目をどうするかや、どの形式のノートがいちばんなのか、ノートの書き方はこれでなければダメだなどというのは、話題としては興味深くても、そこにノート術の真のテーマは存在しないのです。

ノートは過去の記録のためではなく、よい未来をつくるためにある

では「マッキンゼー流ノート術」の真のテーマ、イシュー（もっとも重要な課題）とは何か。

ひと言で言えば、「ノートは過去の記録のためにあるのではなく、よい未来をつくるためにある」ということです。

そのためには、授業や会議の内容を丸写しするような「受け身のノート」習慣から脱して、**ノートで手を動かしながら問題解決をしていく「プロアクティブなノート」習慣に切り替えることが大事**になってきます。

プロアクティブとは「率先して」「事前に準備を講じる」という意味ですが、過去に起こったことだけをノートに書くのではなく、これからどうすべきか、という未来のことをノートに書けるように、手を動かしながら脳に回路をつくっていくわけです。

ただし、未来のことと言っても、何の根拠もない楽観的希望や単なる臆測をノートに書くわけではありません。あくまで「問題解決の基本プロセス」に沿って、ノート上で思考を整理する中で見つけ出した根拠のある仮説に基づき、「これならできそうだ」という解決策を書き出すことがノートで「未来をつくる」ということです。

マッキンゼー流ノート術では、よい未来をつくるために常に「アウトプット」を頭に置いてノートを使っていくわけですから、当然、ノートの取り方、使い方も一般的なノート術とは異なります。

私が、マッキンゼーでアメリカ人のパートナー（役員）の下で仕事をしていたときのことです。彼は「マッキンノート」を使って、最終的にクライアントに提案するプレゼン資料のストーリーライン（流れ）と内容のイメージ図を書き、私たちに「これからやるべきこと」「それらの意味合い」を常に共有して仕事を進めていました。

具体的には、ミーティングをしながらマッキンノートに、ブランクチャート（必要な数字や情報がまだ入っていない状態の図解）の線を引き、その中に「サマリー」はこれ、その根拠となる「理由」はこれ、というのをパッパッと書き込んでいくのです。

彼は、このとき何を「意図」していたのかというと、ミーティングをしながら、これからやるべき思考作業の全体像というアウトプットを示し、なおかつ、私たちに「なぜそれをやることが重要か」を納得させ、実際に私たちがやるべき作業を指示することでした。

もちろん、ブランクチャートを用意せず、最初から「作業指示書」のようなものだけを渡して、「これをやってほしい」と言うことだってできるでしょう。

でも、そのやり方では、私たちは「なぜ、その作業が必要なのか」「全体の中で、その意味合いは何か」「ゴールは何か」といったことを理解し把握することができません。手を動かす人間が「何のために」という目的や意図を理解しないままアクションを起こしても、出てきたアウトプットの質は高められないのです。

だからこそ彼は、あえてマッキンノートに自分で手を動かしながら、自分の思考プロセスを私たちに見せて重要な点を共有することで、ノートを使って未来をつくることを実践

ブランクチャートと作業指示書の比較

作業指示書の場合

・○○業界の現状をまとめる
・○○業界の問題点を挙げる
・○○業界の真の問題点を特定する
・○○業界の将来性についての仮説を立てる
・○○業界の将来性についての仮説検証を行う
・○○業界の将来性に関する問題の解決策を決める
・……

ブランクチャートの場合

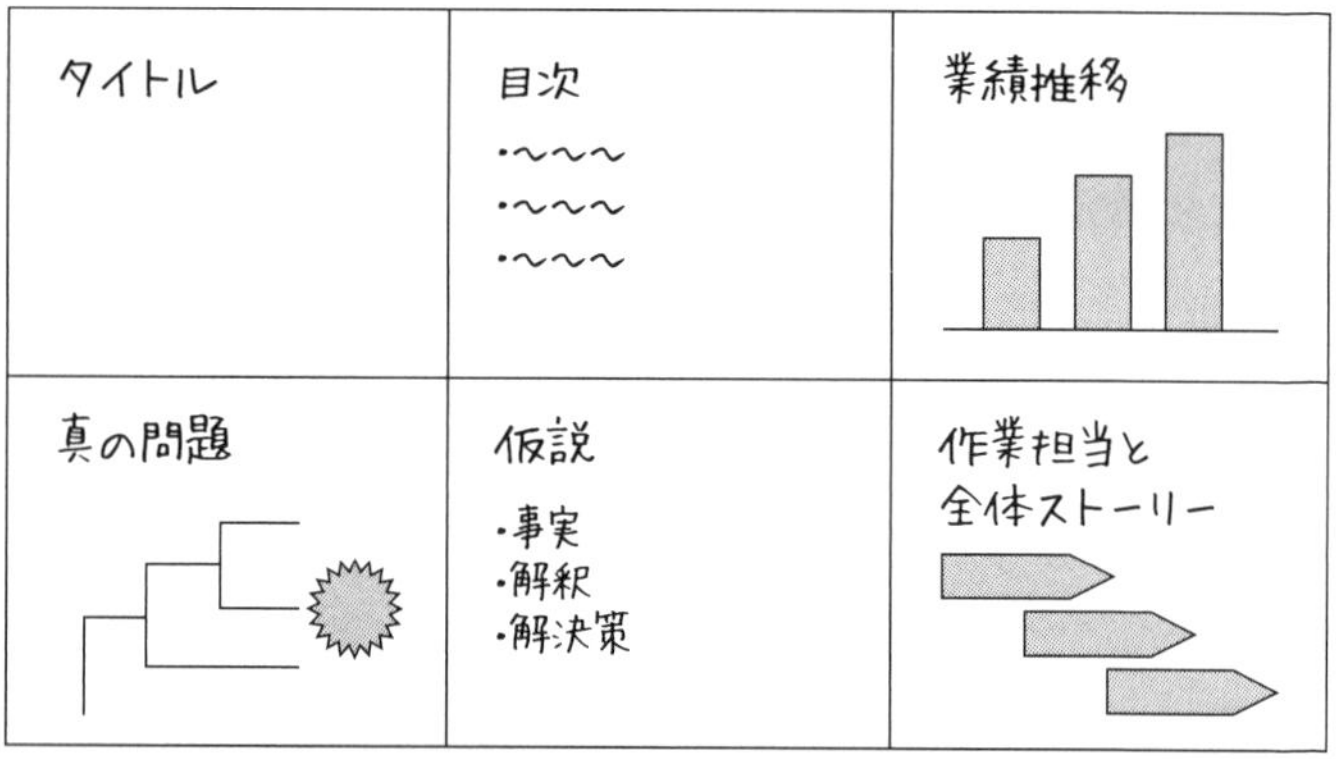
タイトル
目次
業績推移
真の問題
仮説
・事実
・解釈
・解決策
作業担当と
全体ストーリー

ブランクチャートを使うと、
何をすべきか、なぜすべきかが一目瞭然

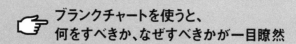

してくれていたのです。

マッキンゼー流ノート術で大切な3つの心構え

自分の頭の中にある知識や思考を誰かのために使う＝問題解決をする目的で、ノートを使ってアウトプットをすることが、マッキンゼー流のノート術だということは理解していただけたと思います。

そのときに何を心がけてノートを使っていけばいいのでしょうか。

マッキンゼー流ノート術で大事なのは、次の3つの心構えです。

1　仮説を考えながらノートを取る

すべては仮説から始まる、というのが問題解決の大前提です。**仮説とは、問題解決をするときの「問題」に対する「仮の答え」**です。

ただし、仮の答えといっても、思いつきのようなフワッとしたものでは意味がありません。マッキンゼーでいう「仮説＝仮の答え」とは「こうすれば、このような理由で、こうなるだろう」という論理的な見通しの立つものです。

なぜ、そのような「仮説」を立てることが大前提になるのでしょうか。

たとえば、自社の売り上げ不振の問題を解決したいときに、何の仮説も立てずに情報収集や分析をすると、どこまで何を調べれば「真の問題」を見つけることができ、その問題解決の鍵となる「イシュー（もっとも重要な課題）」につながるのか、なかなか見えてきません。

情報は調べようと思えば、どこまでも調べられるし、問題もあげていこうと思えばいくつでもあげることができてしまいます。

そうなってしまうと、時間の無駄ですし、なかなか問題解決ができないことでモチベーションが下がったり、やっと解決の糸口が見つかったと思っても、解決策（打ち手）のクオリティが低くなってしまいます。

そこで必要になるのが「仮説」です。**何が「真の問題」なのかを発見するときも、問題解決の鍵となる「イシュー（もっとも重要な課題）」を探すときも、どちらも「仮説」を立てることから入っていくのです。**

たとえば、あなたが「毎日、1時間ウォーキングをしよう」と決めたのに、続けられないという問題を抱えていたとしましょう。

ウォーキングそのものは「健康のため」「体形を維持するため」によいことなので、自分でも続けたいと思っています。なのに続けられないのは、どこに「問題」があるのでしょうか。それを探るのが「問題発見のための仮説」です。

問題発見のための仮説

・ウォーキングのコースに問題がある

・ウォーキングの歩き方に問題がある

・ウォーキングをする時間帯に問題がある

他にもいくつかあるかもしれませんが、仮説を立てるときには、これまでのリサーチや集めた情報から可能性の高そうな仮説に絞って考えます。そのうえで、検証を行ってみて、もっとも有力な仮説の「当たり」をつけるのです。

この場合なら、ウォーキングのコースは気に入っているし、歩き方はとくに体に負担もなさそうなので、「ウォーキングをする時間帯に問題がある」という仮説がいちばん有力だったとします。

ここでは、あなたが思いつく「ウォーキングを続けられない要因」の中から、そもそもどこに真の問題があるのかという「問題の在りか（Ｗｈｅｒｅ）」を特定することがポイントになります。

ウォーキングの時間を検証すると、夜に帰宅後1時間という設定をしていたのですが、仕事の都合で、どうしても帰りが遅くなったときは疲れているので、ついウォーキングをサボってしまったり、実行してもなんとなく気分が乗らないことが多かったのです。

そうすると、「ウォーキングをする時間帯に問題がある」という問題に対して、何をすれば「問題解決」につながるのかを考えることができます。つまり、より課題解決策につながる本質的な仮説に進むわけです。

この場合なら「ウォーキングをする時間帯を見直すこと」がウォーキング継続の鍵となるイシュー（もっとも重要な課題）を探すための仮説です。

「夜は疲れているので、朝の出勤前のウォーキングにすれば必ず時間が確保できるのでは？」「電車に乗らずに通勤そのものをウォーキングにしてしまうといいのでは？」といった、問題の本質から外れない仮説を立てることができれば、問題解決に大きく弾みがつきます。

このように「問題解決のためのノート術」では、常に仮説を意識することが重要な要素だと覚えておきましょう。

2 アウトプット志向

問題解決のためにノートに何かを書いていくという行為は、ノートに書くことがゴールではありません。

何らかのエンドプロダクト（最終成果物）をつくるというゴールに向けて、アウトプットを意識して行うのが「問題解決のためのノート術」です。

マッキンゼーでは常に、最終的にクライアントに何を提案するのか、つまりエンドプロダクトというアウトプットを意識して仕事をすることを徹底させられてきました。だからこそ、ノートの使い方もアウトプット志向になるのです。

アウトプットというのは、自分以外の第三者（上司や協力メンバー、あるいはクライアントなど）に対して、プレゼンテーションや問いかけ、報告などを行うこと。つまり、自分のために行うインプットとは逆のベクトルを持つ行為です。

一般的なノート術では、ノートを取る行為は自分の記録や情報整理のために行うことが多いと思います。それらも大切なのですが、マッキンゼー流のノート術では、ノートを取る行為の先にある「第三者へのアウトプット」という目的を常に意識してほしいのです。

3　ストーリーラインで考える

マッキンゼー流のノート術の特徴は、すでに起こった過去の記録ではなく、問題を解決することと、つまり、未来をよくするための「プロアクティブ」なノートというところにもあります。

それは、**常にさまざまな要素がノート上で活性化している「生きたノート」**だということです。生きたノートというのは、言い換えると時間が止まったノートではなく、常にライブで現在進行形のノートだということ。

こんな問題を解決したい、こんなことが実現できればいいな、という「未来」のことに対して「これをこうすればできるのでは？」という可能性がノートの中で生まれてくるのが「生きたノート」です。

「生きたノート」をさらに言い換えると「ストーリーライン」で思考できているノートです。

限られた時間の中で問題解決に向けて突き進むために、ノートの中でも問題解決の基本プロセスに沿った「ストーリーライン」で考えることはとても重要です。

ストーリーラインで考えるというのは、一部分だけを見て物事を考えるのではなく、全体像をつかんだうえで、物事が置かれている状況を見て、それからその物事がどう変化していくのか、その「流れ」を考えること。

問題解決の基本プロセスである《**問題設定とイシューを決める⬇課題を整理して構造化する⬇現場の情報をリサーチする⬇解決策（打ち手）の仮説を立てる⬇仮説を検証する⬇解決策を決める⬇解決策を実行する**》というストーリーラインに沿って、ノートを使い分けながらゴールに向かっていきます。

つまり、ノートそのものが問題解決のストーリーが描かれた脚本になっていることが大切なのです。

マッキンゼー流「3つのノート」＋α

私が在籍していた当時のマッキンゼーでは、問題解決の流れに沿って、３つのノートを使い分けていました。

情報収集では7ミリ罫の「ケンブリッジノート」、問題の把握や問題解決の設計といった思考整理のためには「方眼ノート」、そして実際のアウトプット資料になるチャートをつくるためにはオリジナルの「マッキンノート」を使っていたのです。

オリジナルの通称「マッキンノート」

プレゼンテーションにフォーカスしたマッキンゼー独自の方眼ノート。マッキンゼーのアウトプットの特徴であるチャート（図解）をつくるためのノートです。

基本は、いわゆる「方眼ノート」なのですが、いちばん上には「タイトル」や「イシュー」が入り、中央にチャート用のスペースがあり、いちばん下には出所・出典を示す「Source」を必ず記入するようになっていました。ノートに引かれている薄いブルーの線は、コピーをしても写らないように工夫されています。

私が在籍していた当時は、ノート中央に長方形の枠があり、このフレーム内におさまるようにチャートを書くことを習慣化していました。振り返ると、洗練されたセクシーなチャートを作成するのに、この長方形があることがとても重要だったと思います。

初めてこのマッキンノートを見たときは「これがノート!?」と、ちょっと意外に思ったのですが、まさにこのマッキンノートこそが「問題解決のためのノート術」を象徴しています。

なぜなら、「ワンチャート、ワンメッセージ」で、具体的なアウトプットが示され、それ以外の余計な要素は一切ないからです。

左頁のマッキンノートは私が在籍していた当時のものではなく、リニューアルバージョンを元に再現していますが、マッキンノート自体の基本コンセプトは変わっていないはず。思考を整理し、構造化しやすいのはもちろんのこと、アウトプット志向のためのノートとして、「要は何が大事なのか」という思考を第三者と共有しやすいように設計されているのです。

方眼ノート

マッキンノートと同じく方眼ノートですが、こちらはタイトルやイシューを記入する欄やチャート用のスペースなどがない方眼だけのノートです。

主に、問題の把握や、イシューの整理、問題解決全体の分析・設計をするための、思考

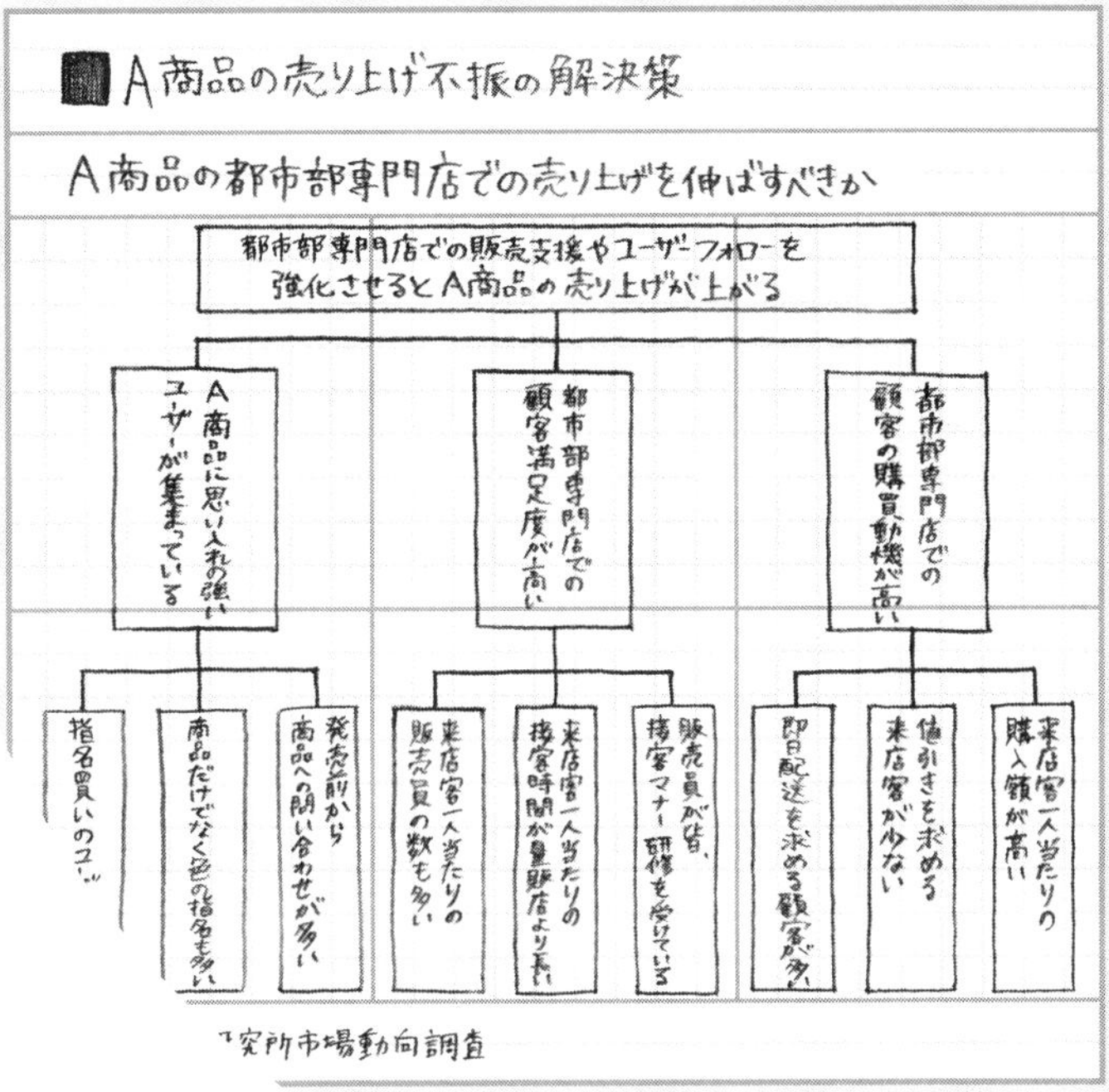

A商品の売り上げ不振の解決策
A商品の都市部専門店での売り上げを伸ばすべきか
都市部専門店での販売支援やユーザーフォローを強化させるとA商品の売り上げが上がる
A商品に思い入れの強いユーザーが集まっている
都市部専門店での顧客満足度が高い
都市部専門店での顧客の購買動機が高い
指名買いの
商品だけでなく色の指名も多い
発売前から商品への問い合わせが多い
来店客一人当たりの販売員の数も多い
来店客一人当たりの接客時間が量販店より長い
販売員が皆、接客マナー研修を受けている
即日配送を求める顧客が多い
値引きを求める来店客が少ない
来店客一人当たりの購入額が高い
究所市場動向調査

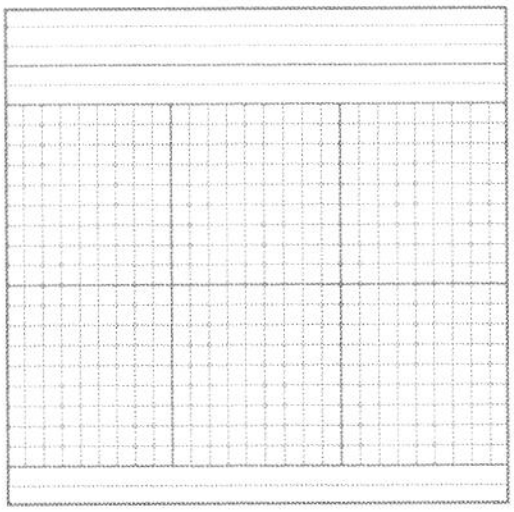

マッキンノート

- 基本は「方眼ノート」だが、いちばん上に「タイトル」が入り、中央にマッキンゼーのアウトプットの特徴であるチャート（図解）を作成するためのスペースがあり、いちばん下には出所・出典を記入するようになっている。

- 「ワンチャート、ワンメッセージ」で、具体的なアウトプットが示され、それ以外の余計な要素は一切ない。まさに「問題解決のためのノート」を象徴している。

整理に使うノートです。マッキンノートが、最終的なアウトプットにより近い、まとまった思考をチャート（図解）にして確認するためのノートだとしたら、普通の方眼ノートは、まだまとまっていない思考を自由に働かせて、ある程度のまとまりにしていく作業に向いています。

問題解決のプロセスを意識しないまま隅から隅まで埋め尽くされたノートも、一見すると「たくさん思考したノート」のように思えますが、それだけでは「何をすればいいのか」というアウトプットは立ち上がってきません。

問題解決志向かつアウトプット志向が大前提のマッキンゼーでは、最初からこの方眼ノートのフォーマットを使って思考を整理することで、「真の問題はこれ」「イシューはこれ」「解決の仮説はこれ」というものを短時間で生み出していくわけです。

大前研一さんの「特製方眼ノート」

マッキンゼーで日本支社長、そしてアジア太平洋地区会長を務められていた大前研一さんが開発された特製方眼ノートは、さらに特徴的でした。

まず、大きさがA２判サイズ（新聞の２つ折りの大きさ）もあるのです。

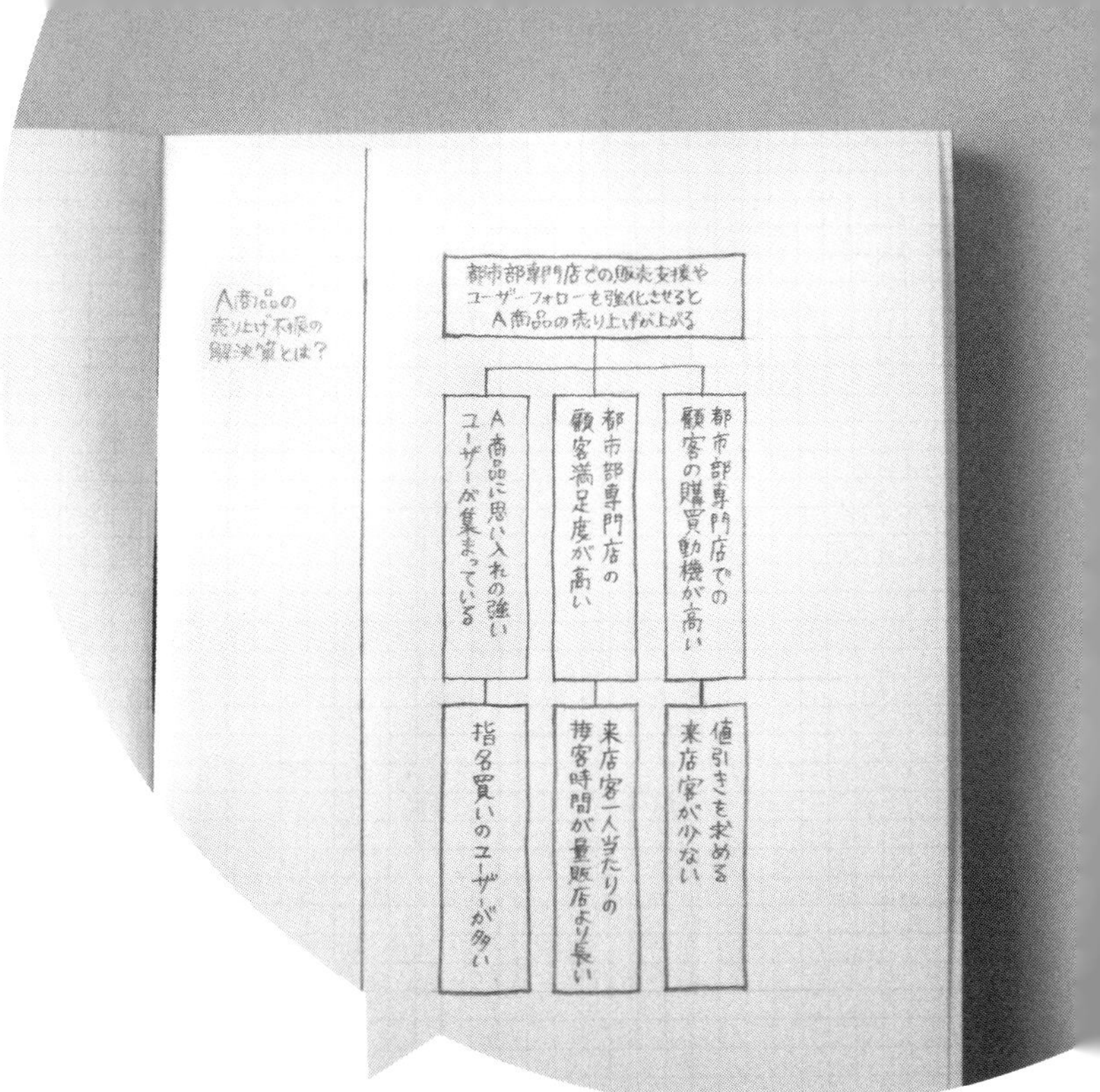
A商品の売り上げ不振の解決策とは？
都市部専門店での販売支援やユーザーフォローを強化させるとA商品の売り上げが上がる
A商品に思い入れの強いユーザーが集まっている
都市部専門店の顧客満足度が高い
都市部専門店での顧客の購買動機が高い
指名買いのユーザーが多い
来店客一人当たりの接客時間が量販店より長い
値引きを求める来店客が少ない

LIFE
NOBLE NOTE
SECTION
100 SHEETS

方眼ノート

・方眼ノートは、そのときの思考整理のやり方に応じてタテ・ヨコ自由に使える。
・チャートの下書きをするときにもフリーハンドで使いやすい。
・白紙ではなく方眼となっていることで、思考整理や構造化、情報の関連づけに意識が向きやすい。

欄外の余白には「So What」「MECE」「Zero-based Thinking」など、いいアイデアを生み出すためのマッキンゼーの言葉（口ぐせ）が薄い文字で印字されていました。当時、このノートはコンサルタントの中でも人気で、すぐに在庫がなくなってしまうほどでした。

大前さんは、この巨大特製ノートを使う理由をこんなふうに説明されていました。

「ノートは思考のキャンバスのようなものだから、文字を書くのも絵を描くのも自由。ただ、私はこのノートを左下から右上に向かって横書きで使う。通常のノートは罫線に沿って左から右、そして上から下に横書きで使う。

しかし、それでは言語や論理が優先される左脳的な作業である。直感、創造、洞察といった右脳の働きを刺激しない。そこでアイデアを出したいときは、このノートを左目で見て右脳に刺激を与えながら右側の空間に向けて書くようにしていた」

マッキンゼーでは「前提を疑え」という言葉が口ぐせのように飛びかっていたのですが、大前さんはノートでも「罫線に沿って左から右、上から下に書く」という前提を疑って、「アイデアを出すためのセクシーなノートの使い方」を見つけ出したのです。

この特製方眼ノートは、混沌とした思考を書き出して整理したいときに使ったり、問題の全体像を把握するための大きな絵（Big picture）を考えるときに使いました。

現場でひたすら書く「ケンブリッジノート」

このノートはマッキンゼーが開発したものではなく、キョクトウ・アソシエイツから発売されているリング綴じで7ミリ罫のノートです。

主に現状把握のために情報収集をするときや、現場でのヒアリングやインタビューで使っていました。

当時のマッキンゼーでは、ケンブリッジノートがオフィスに常備されていたので普通に使っていたのですが、いちばんの特徴は表紙と裏表紙が硬い厚紙でできているので、外に持ち出して立ったままでもノートが取りやすいのです。

問題解決プロセスでは情報収集や仮説を検証するために「現場」に出て、ヒアリングを行う場面がたくさんあります。刑事の聞き込みのようなものです。そのときに、ケンブリッジノートに聞き出した情報をひたすら書き込むのです。

ひたすら書くと言いましたが、それには理由があります。「マッキンゼー流ノート術」では、ノート上で思考を整理して、さらに深掘りし、問題解決の流れをつくり出していくことが重要ですが、そこに至るまでの段階では、あえて思考整理はせず「ひたすら書く」というフェーズも大事になります。

なぜなら、**現場でのヒアリング段階でポイントをまとめてしまったら、自分の頭の中の枠だけで情報を取捨選択して物事を見てしまうことになる**からです。すると、本当に大事なポイントを逃してしまうかもしれません。

これも刑事の聞き込みと似ていますが、大事なことは「何げないひと言」の中に含まれていたりするものです。それらを聞き逃さないために予断を入れず、一言一句ひたすらノートに書いていき、そのあとで「方眼ノート」や「マッキンノート」を使いながら、「ノート思考」でイシューを特定したり解決策を見つけ出していくわけです。

ある先輩は、現場で相手のコメントをひと言も聞き漏らさないようにノートをひたすら書いた結果、「腱鞘炎《けんしょうえん》になったよ」と笑っていましたが、スマートに見えるコンサルタントの仕事には、こんな泥臭い舞台裏もあるのです。

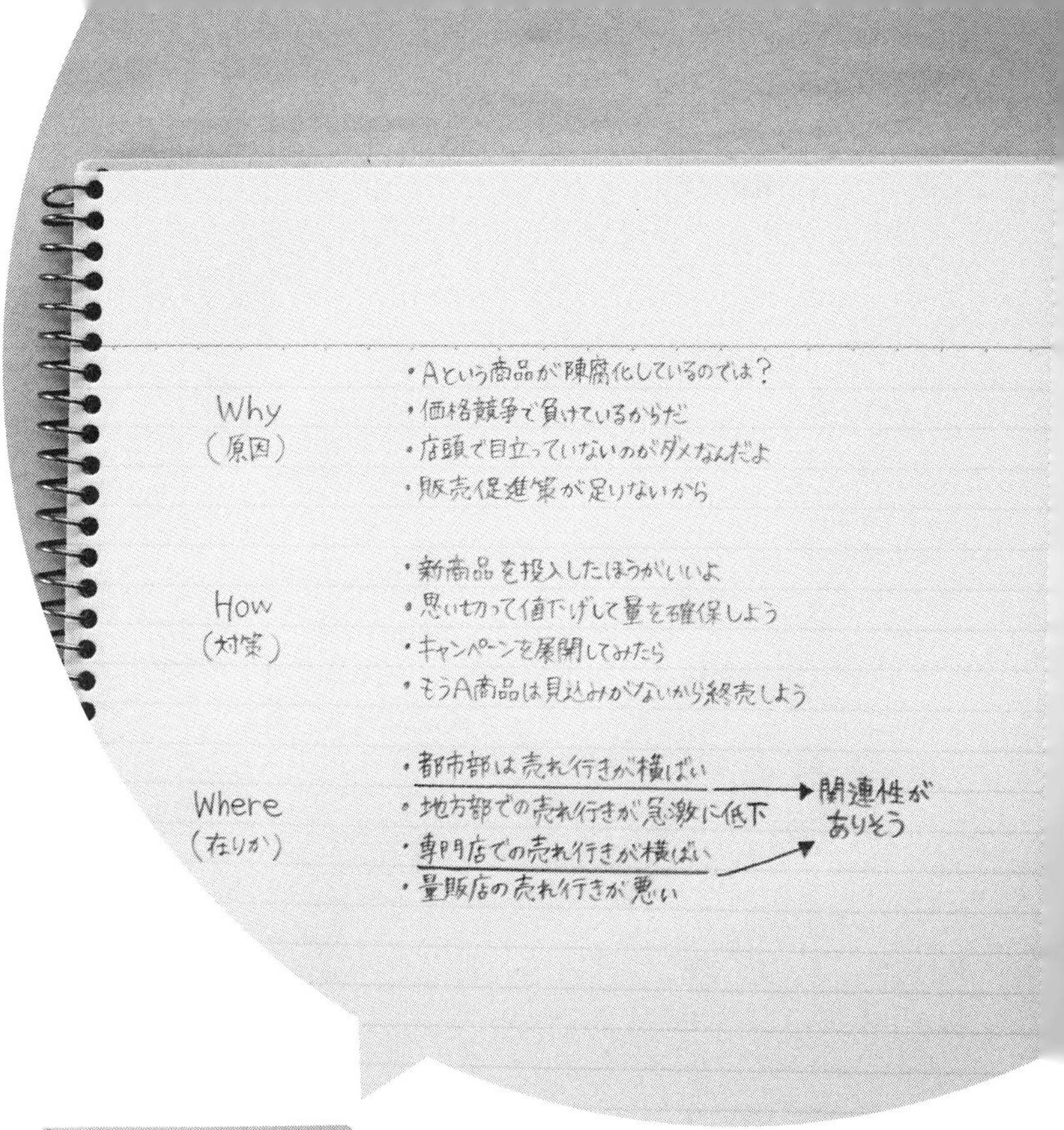
Why
(原因)
・Aという商品が陳腐化しているのでは？
・価格競争で負けているからだ
・店頭で目立っていないのがダメなんだよ
・販売促進策が足りないから
How
(対策)
・新商品を投入したほうがいいよ
・思い切って値下げして量を確保しよう
・キャンペーンを展開してみたら
・もうA商品は見込みがないから終売しよう
Where
(在りか)
・都市部は売れ行きが横ばい
・地方部での売れ行きが急激に低下
・専門店での売れ行きが横ばい
・量販店の売れ行きが悪い
関連性がありそう

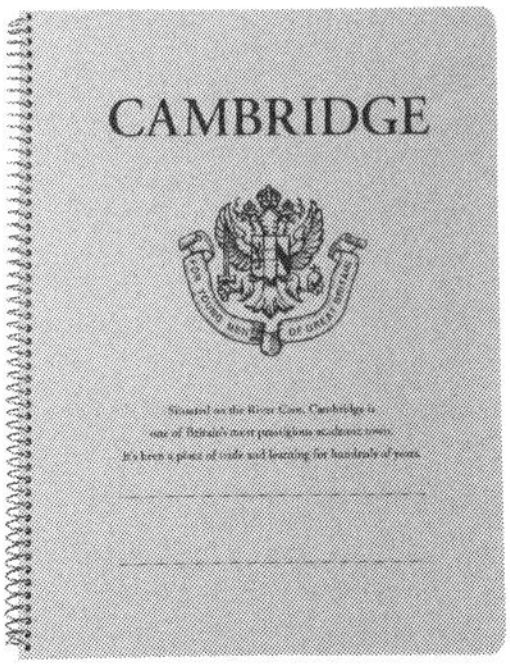
CAMBRIDGE

ケンブリッジノート

・主に情報収集、現場でのヒアリングやインタビューで使用。
・情報収集やヒアリングの際には、罫線ノートに一言一句、書きもらさないように書く。
・現場でのヒアリング段階でポイントをまとめてしまうと、本当に大事なポイントを聞き逃してしまう恐れがあるので注意！

仕事がデキる人のノートも最初は汚い!?

頭のいい人、仕事のデキる人は、最初からノートもきれいにまとめて書いている。そんなふうに思っている人も多いのですが、騙されてはいけません。多くのマッキンゼーの仕事のデキる仲間や先輩たちのノートも、いわゆる「見た目のきれいなノート」ではありませんでした。

なぜなら、この本でも繰り返し述べているように、ノートはきれいに使うことが目的なのではなく、よい未来をつくるため、クライアントが身を乗り出すような問題解決をするためのアウトプットを出しやすくするためのものだからです。

むしろ、問題解決に取りかかったときのノートは、真の問題(イシュー)を見つけ出すために、思考を展開したり深掘りしたりして、パッと見には「汚い」ぐらいの状態でかまわないのです。

そのほうが、ノートを使ってたくさん思考をしているという証しになります。問題解決プロセスに沿ってノートを使っていくうちに、最終的にはきれいに思考が整理され、シュッと洗練されたアウトプットをノートで描けるようになるのです。

「ノートはカオスそのものでいい」

あるマッキンゼーの同期の一人は、そんなふうに言っていました。そのノートの中で手を動かしながら自分が「思考の旅」をすることによって、問題解決の目星をつけていくのです。

むしろ**大事なのは、ノートがきれいであることよりも「思考に切れ味」があり、ノートから新たな思考が生まれてくること**です。つまり、思考が整理され、深掘りされているかどうかが大事なのです。

まわりから見ても、深みのある思考がきれいに整理され、流れるように問題解決できる人というのは、なぜか輝きを放っています。そういう人ほど、ノートの中では、見た目はカオスでも、感覚的・直感的に「これは！」というものを見つけ出す作業を絶え間なくやっているものです。そして、バラバラだったメッセージや情報を結びつけ、構造化して整理していくのです。

ここまで、ノートで手を動かす前に知っておいてほしい、マッキンゼー流ノート術の心構えについてお話ししました。

どんなスポーツもそうですが、実践に入る際に「何が大切か」という基本を理解しているのとしていないのとでは、結果に大きな差が出ます。ノート術も、じつは同じなのです。

ノートを取るという行為は、誰でもいきなり実践に入ることができますが、問題解決のため、結果を出すためという目的志向のノート術においては、手を動かす以前の「心構え」がとても大切なのです。「心構え」を意識してノートを使うことで、クオリティが高い仕事をスピーディに仕上げることができるのです。

CHAPTER 2

マッキンゼー流「問題解決ノート」の使い方

ここからはマッキンゼー流ノート術の実践編です。

ノートを使って思考整理をしたり、ノートで手を動かしながらアウトプット（最終成果物）のイメージをつくっていく作業なんて難しいのでは？　と思われている方も大丈夫。なぜなら、問題解決には明確なステップがあり、そのステップごとに最適なノートの使い方を覚えればいいだけだからです。

「問題解決のステップごとにノートを使っていく」とは、次のようなものです。

1　まず、収集した情報から、「真の問題＝イシュー」を見極めるためのノートの使い方

2　真の問題に対して、こうすれば解決できるのでは？　という当たりをつける、仮説を組み立てるためのノートの使い方

3　仮説が本当に使えるかどうかを検証するためのノートの使い方

4　実際に解決策を実行する提案をまとめるためのノートの使い方

この4つのノートの使い方を身につければ、問題解決のための思考整理も、アウトプットも格段にスピードアップしてラクにできるようになります。

プロは「問題解決」の4つのステップに沿ってノートを使う

まず、マッキンゼー流のノート術は、問題解決の基本プロセスに沿ってノートを使い分けるのが特徴です。

これからお話しする問題解決のステップに応じてノートの使い方を変えていくのです。第1章で、マッキンゼーの「3種類のノート」をご紹介しましたが、問題解決のステップに応じた最適なノートというものがあります。

情報収集は「ケンブリッジノート（罫線ノート）」、イシューや仮説を見つけるための問題把握や分析・設計といった思考の整理は「方眼ノート」、実際の資料作成は「マッキンノート」と使い分けることで、速くてクオリティの高い問題解決を行うわけです。

ノートに**問題解決の設計図をつくるための「ノートを使った仮説思考」**や**「アウトプットを意識した思考」**の仕方を総称して**「ノート思考」**と呼んでいますが、ノートを取る行為は無意識でもできるので、どうしても「ノート思考」が抜けてしまうことも多いのです。

ノート思考が抜けるとどうなるのか。単純に何も考えずにノートを使ってしまうと「思いつくまま書く」ことになり、結果として**「メッセージが構造化されていない」「解決策や根拠が記されていない」**ノートになってしまいます。

それでは、どれだけノートを取っても「書いただけ」になってしまい、何が真の問題なのか、何をすれば問題解決につながるのかという「思考整理」ができません。

では、どうすれば「ノート思考」を使って「思考整理」ができるようになるのか。じつは、そんなに難しいことではなく、問題解決の4つのステップに沿って、それぞれのステップごとのノートの使い方をマスターすれば、自然に思考が整理されていくのです。

それぞれのノートをつくるときに、どのように手を動かしていけばよいのかという話をこれから進めていくわけですが、ノートに向かう前に気をつけてほしいことがあります。

ノートに向かう前に気をつけるべきこと

問題解決の「問題」には2種類ある

そもそも、私たちが日々やっているどんな仕事も、究極的には、何かの問題を解決することにつながっています。

マッキンゼー流ノート術では、そうした「問題解決」にノート思考をうまく組み込むことで、仕事のスピードとクオリティの両方を高めるわけですが、じつは「問題解決」の問題には2つの種類があります。

えっ？ 問題は問題でしかないのでは？ と思われるかもしれませんが、ノートを使って手を動かしながら問題解決につなげるためには、**「問題」にもそれぞれ次元の異なる2つの問題があることを知っておいたほうがいい**でしょう。

たとえばあなたが、自分たちの営業部の売り上げが落ちているという状況に対して「問題解決」をしなければならないとします。

このとき、ざっと営業部内を見渡し、メンバーにもヒアリングした結果、次のようなことが「問題」としてピックアップされました。

・新商品が売れていない
・売り上げ達成率が悪いので、メンバーのモチベーションが低下している
・成績に対するインセンティブが少ない
・営業会議の出席率が悪い
・新規顧客を開拓できていない

さて、これらの「問題」を一つずつ潰していけば「問題解決」ができ、部署の売り上げが回復するでしょうか？

たしかに、ヒアリングなどでピックアップされた事実は、すべて「問題」です。しかし、これがすべてではない可能性があります。顧客に関しての問題も、もっと状況を細かく分析していけば「新規顧客の開拓」だけでなく、じつは既存顧客からのクレームなどで信頼が低下していたり、営業スタッフに対する満足度も下がっていることだって考えられます。

ヒアリングなどで拾うことができる〝一つ目〟の「問題」は、すでに起こっていることなので目につきやすいのですが、こうした問題は、問題の根本が解決されないかぎり、次々と起こってきます。

モグラ叩きのように、いつまでもキリがない問題解決をする状況に陥るのは、本来の問題解決とは言えません。

本物の問題解決とは、「そもそも、どうあるべきなのか」という、あるべき姿に状況を持っていくことで、問題そのものを根本から発生しないようにすることです。

たとえば、先ほどの営業部の本来の強みが、新規開拓よりも徹底した顧客フォローにあるのなら、新商品のセールスや新規顧客開拓に労力をかけるのを一旦やめて、既存顧客の「困っていること」や「要望」を吸い上げる活動にフォーカスしたほうがいいかもしれないわけです。

その場合、営業部の売り上げが落ちていることの「真の問題」は、「自分たちの強みのある営業スタイルとは何か」を考えることにあります。これこそが次元の異なる〝二つ目〟の問題です。

ただし、ここで重要なのは、先ほどの「目に見える問題」に対して、**「本来あるべき姿」に照らし合わせて、何が足りないかという「問題」は、目に見えてあらわれていない**という点です。

つまり、誰かが「本当の問題はこれじゃないのか？」というイシューを設定しなければ、永遠に「問題」として浮かび上がってこないものなのです。

もう一度整理しましょう。問題解決の「問題」には2種類あります。

一つ目は、私たちの目につきやすい「すでに起こっている問題」。Aという商品の売り上げが上がらないというときに、「商談回数が少ない」「価格設定が高い」「営業担当者の数が少ない」というような点から「これをどうにかできないか」と考える問題です。

二つ目は、私たちの目につきにくい「真の問題」です。その場合、「そもそも、どうあるべきなのか」からアプローチして、問題そのものを発生しないようにすることが重要です。そもそも、新商品を売ることが自分たちの強みから外れているのなら、自分たちの強みに沿った他の施策で売り上げを上げるほうがいいのではないか？と「本来あるべき姿」に照らし合わせて考える問題です。

この2種類の問題を整理すると、目に見えてあらわれる問題は、すぐに対処できる反面、モグラ叩きのように、常にかたちを変えてあらわれ続けるので、「リアクト（反応）型」の問題ということができます。

それに対して、本来あるべき姿に照らし合わせて、自らイシューを設定する問題は、こちらから探り出すので「プロアクティブ（率先）型」の問題ということができます。

マッキンゼー流ノート術で取り組んでいくのは、こちらの、自ら探り出す「プロアクティブ（率先）型」の問題です。

「リアクト（反応）型」の問題は、目に見えるのでつかまえやすいのですが、**目に見えない「プロアクティブ（率先）型」の問題を発見するには、「問題解決の基本プロセス」に沿って、ノート上で手を動かしながら探り当てる必要がある**のです。

問題解決の4つのステップ

ここで問題解決の4つのステップを確認しておきましょう。

STEP1 本質的な問題は何か？　つまり何が真の問題（イシュー）なのか？を定義（設定）する
STEP2 仮説は何か？（問題に対しての仮の解決策）を立てる
STEP3 仮説を検証する
STEP4 アプトプット（成果物）にまとめる＝プレゼン資料、報告資料にする

これらの4つのステップごとに

STEP1 真の問題を見つけ出すためのノートの使い方
STEP2 仮説を立てるためのノートの使い方
STEP3 仮説検証のためのノートの使い方

STEP4 検証した仮説（解決策）からアウトプットをつくるためのノートの使い方

というように、それぞれ4つの異なるノートの使い方があるわけです。

問題解決のステップに応じてノートを使い分けていく作業は、次のようなイメージになります。

まずは現場でのヒアリングやインタビューをもとに、「ケンブリッジノート（罫線ノート）」にひたすら書き綴った情報から「取り組むべき真の問題＝イシュー」を特定。今度は「方眼ノート」で思考を整理しながら問題解決の「仮説」を立てる。さらに、ストーリーラインや仮説検証と全体の設計、伝えたいメッセージを考え、それを「マッキンノート」で一枚一枚のチャートにしてアウトプットしていくのです。

このように、やるべきことはそれほど複雑なものではありません。ノートなんて使わなくてもやれそうだと思ってしまうかもしれませんが、人間の脳は、どうしても「思い込み」や「過去の経験」に引きずられたり、部分だけを見てしまうというクセがあります。

だからこそ、ノートを使って、幅広く情報を収集し、手を動かしながら論理的に思考を

問題解決の4つのステップとノートの使い方

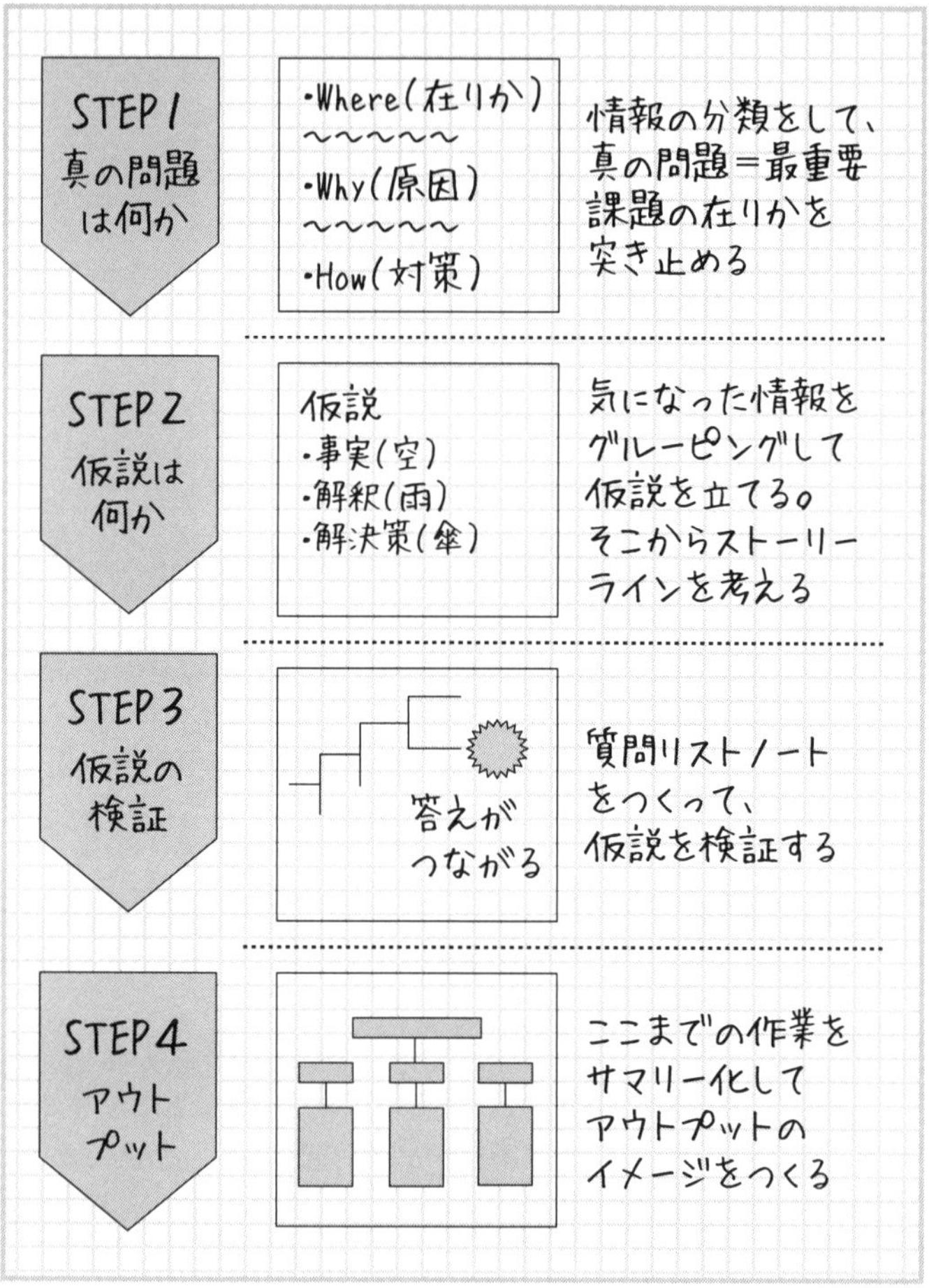

掘り下げ、思い込みや過去の経験にとらわれない問題解決をすることが大事なわけです。

では、ここから問題解決のステップに沿ったステップごとのノートの使い方を具体的に見ていきます。

STEP1

真の問題を見つけ出すためのノート

ポイント
「Where（問題の在りか）」「Why（原因）」「How（対策）」を考える

主に使用するノート
「ケンブリッジノート（罫線ノート）」＋「方眼ノート」

STEP1 真の問題を見つけ出す ➡ STEP2 解決策の仮説を立てる ➡ STEP3 仮説検

証する⬇STEP4 アウトプットをつくる

STEP1 では、目の前の状況の中から、フォーカスすべき「真の問題」を見極め、「これが最重要課題なのでは?」というイシューを探り出すためにノートをどう使うかを考えます。

たとえば、ある企業で「Aという商品の売り上げが不振だ」という状況があったとします。状況をあらわす情報には、市場要因や販売チャネル、商品そのものの要因、顧客の要因、あるいは自社の組織的要因、商品の販売に関わる人の要因など、さまざまなものがあがってきています。

その中から、これが売り上げ不振という状況をつくり出している「真の問題=イシュー」だ、というものを見つけなければなりません。

とはいえ、最初からノートを使えば簡単に「真の問題=イシュー」が書き出せるわけではありません。一般的な仕事では、多くの場合、上司やクライアントから「問題の背景」「なぜ解決したいのかという意図」「いつまでにという目標期限」などが示されます。

それらをベースに、経験を積んできた周囲の先輩やプロに「こういうケースだと、どういうところに問題がありそうか」というヒアリングをしていきます。あるいは、過去の事例や報告書などを、まず徹底的に読み込みます。

つまり、この段階では問題に関わっている相手にヒアリングしながら、目利きの相談相手の知恵を借り、意見も聞きつつ、真の問題を特定するための参考情報の収集にフォーカスしてノートを使っていきます。

マッキンゼーでは新人ＢＡ（ビジネスアナリスト）時代、大前さんやマネージャーから「まず自分の背の高さになるまでパッケージ（報告書）を読み込め」とよく言われました。

なぜそうすることが大事なのかというと、**過去のパッケージの読み込み量を増やすと、どういった問題に対してどんな問題解決アプローチをしているのか、どんな仮説が有効なのかといったことがつかめるようになる**からです。

つまり、先輩たちの問題解決プロセスでの思考を学んで、自分の「ノート思考」の中に取り入れていくことで、今度は自分がやらなくてはいけない「問題解決」の課題を前にしたときに、その流れがつかみやすくなるのです。

そのためには、普段から、場数を踏んでいる上司や先輩、いろいろな知恵を持っていいそうな目利きのプロを自分のネットワークとして持っておくことがとても大切です。

こうした、資料や人からの情報収集はコンサルタントだけがするものではありません。どんな仕事をするうえでも、適切なインプットがなければよいアウトプットはできないのです。自分の手持ちの情報だけで思いつきの仮説を立てていては、本質的な問題解決からは遠のいてしまいます。

真の問題を見つけ出すためにいろいろな情報を集めるわけですが、このとき多くの人が、3つの悩みにつきあたります。

「そもそも、どんな情報をどこまで集めたらいいのだろう……」
「集めた情報をどんなふうに整理して理解すればいいのだろう……」
「整理した情報から何を読み取ればいいのだろう……」

そこで、まず基本としてお勧めするのが、**集めた情報を「Where（問題の在りか）」「Why（原因）」「How（対策）」の3つの意味合いで分けてみる**ことです。

A商品の売り上げ不振に関しては、次のような情報が集まりました。

A商品の売り上げ不振に関する情報

Where（問題の在りか）

・都市部は売れ行きが横ばい
・地方部での売れ行きが急激に低下
・専門店での売れ行きは横ばい
・量販店の売れ行きが悪い
・新規購入者が減っている

Why（原因）

・Aという商品が陳腐化しているのでは？
・価格競争で負けているからだ
・商品の機能が伝わりにくい

・店頭で目立っていないのがダメなんだよ
・販売促進策が足りないから

How（対策）

・新商品を投入したほうがいいよ
・もっと商品説明を強化したほうがいい
・思い切って値下げして量を確保しよう
・キャンペーンを展開してみたら？
・もうA商品は見込みがないから撤退しよう

このように集めた情報を「Where（問題の在りか）」「Why（原因）」「How（対策）」の3つの意味合いで分けてみることが問題解決のための思考整理の第一歩。

そして**真の問題を見つけ出すときのポイントは、まず「Where（問題の在りか）」を考えること**です。「Where（問題の在りか）」は言い換えると、そもそもどこに問題の根本があるのかを探るということです。

もし、「Ｗｈｅｒｅ（問題の在りか）」を見極めずに、「Ｗｈｙ（原因）」「Ｈｏｗ（対策）」だけを拾っていくと、どこまでも原因や対策が広がっていきますし、そこから何を読み取れるかということも、千差万別で収拾がつかなくなります。

多くの人は、つい「Ｗｈｙ（原因）」や「Ｈｏｗ（対策）」を急いで考えようとしがちです。しかし、そもそもの問題の定義＝「Ｗｈｅｒｅ（問題の在りか）」がズレていれば、そこにどんな「Ｗｈｙ（原因）」や「Ｈｏｗ（対策）」を見いだしても問題解決にはつながりません。

それなら、最初から「Ｗｈｅｒｅ（問題の在りか）」だけの情報を集めればいいと思うかもしれませんが、いままさに問題が生じているときに「この問題の在りかはどこですか？」というスタンスでヒアリングをしても、それに端的に答えられる人はほぼいないと思ってください。

まずは「Ｗｈｙ（原因）」や「Ｈｏｗ（対策）」も入り交じった情報を収集し、その中から**「Ｗｈｅｒｅ（在りか）」をノート上に抜き出し、関連性がありそうな情報同士を分析してみます**。たとえばA商品が「都市部は売れ行きが横ばい」で「地方部での売れ行きが急激に低下」という事実があるなら、都市部に多い「専門店」では売れ行きが横ばいを保っていることが要因になっているかもしれません。

さらに「量販店で売れ行きが悪い」「新規購入者が減っている」という情報は、店頭でのプロモーションによって新規客にアピールがしやすい量販店が不振なので、新規購入者が減っていることを裏づけていそうです。

すると、ここから読み取れることにはどんなことがあるでしょうか。

「都市部の専門店では売れ行きをキープしている」ことから、A商品の売り上げ不振を解決するには、都市部の専門店での販売方法に何かヒントがあるのでは？というイシュー（もっとも重要な課題）につながりそうな情報が読み取れるわけです。

このように問題解決につながる情報を読み取るには、ヒアリングしたノートを「Ｗｈｅｒｅ（問題の在りか）」「Ｗｈｙ（原因）」「Ｈｏｗ（対策）」の３つの意味合いにグルーピングします。そして、そのグルーピングした情報から、気が付いた大事なこと＝論点を書き出してみるのです。

すると、その論点に引き寄せられるように断片的な情報がつながって、整理され、そこ

情報は「Where(問題の在りか)」「Why(原因)」「How(対策)」でグルーピングする

価格競争で負けているからだ
キャンペーンを展開してみたら?
地方部での売れ行きが急激に低下
販売促進策が足りないから……etc.
いろいろな
情報があって
何をどう分析すれば
いいのか
わからない……

Why(原因)
- Aという商品が陳腐化しているのでは?
- 価格競争で負けているからだ
- 店頭で目立っていないのがダメなんだよ
- 販売促進策が足りないから

How(対策)
- 新商品を投入したほうがいいよ
- 思い切って値下げして量を確保しよう
- キャンペーンを展開してみたら?
- もうA商品は見込みがないから終売しよう

Where(在りか)
- 都市部は売れ行きが横ばい → 関連性がありそう
- 地方部での売れ行きが急激に低下
- 専門店での売れ行きは横ばい → 関連性がありそう
- 量販店の売れ行きが悪い

ポイントはまず「そもそもどこに問題があるのか?」をノート上で明らかにすること

から新たな発見があったり、自分の思い込み（認知バイアス）が修正されたりして仮説が立ち上がってきます。

STEP2 仮説を立てるためのノート

ポイント1 グルーピングをする

主に使用するノート 「方眼ノート」

STEP1 真の問題を見つけ出す➡**STEP2** **解決策の仮説を立てる**➡**STEP3** 仮説検証する➡**STEP4** アウトプットをつくる

ここに真の問題＝イシューがありそうだ、と目星をつけたら、「これをこうすれば問題解決につながりそうだ」という解決策の仮説を立てていきます。ここでは方眼ノートを使います。チャートを使う作業には方眼ノートが使い勝手がいいのです。

そのときに、**ノートを使ってやることとは、気になった情報をグルーピングすること。**ステップ1で見極めた「Where（問題の在りか）」＝A商品の販売不振の例で言えば、「都市部専門店での販売方法」について気になった情報をグルーピングしていきます。

グルーピングというのは、先ほどの「Where（問題の在りか）」「Why（原因）」「How（対策）」の3つの意味合いで分けたときと考え方は同じです。

気になった情報を「事実」「解釈」「行動」の3つにグルーピングしていきます。

マッキンゼーで呪文のように使われ、最近では一般のビジネスの現場でもよく見聞きするようになった「空➡雨➡傘」のフレームワークを使うと、「事実」「解釈」「行動」のグルーピングがしやすくなります。

空に黒い雲が広がってきた（事実）➡雨が降ってきそう（解釈）➡傘を持って出かけよう（行動）

このように「空⬇雨⬇傘」のフレームワークは、目の前にある事実を解釈し、必要な行動を導き出したいときに使うととても便利です。解決策の仮説を立てるステップで、このフレームワークを使うのは、最終的な行動＝解決策の仮説を立てやすくするためです。

ここでの**ポイントは次元の異なる話や情報を一緒にしない**ということ。たとえば、「空に黒い雲が広がってきた」というのは事実ですが、「傘を持って出たときに限って雨に降られない」というのは本人の解釈にすぎないので、そうした話を「事実」として一緒にグルーピングしてしまうと、アウトプットの行動がブレてしまいます。

常に「本当にそうなのか」というクリティカルな視点で検証することで、的はずれな行動で失敗するのを未然に防ぐことができるのです。

ノート上で「事実」「解釈」「行動」の３つにグルーピングするときは、ノートを全面で使うのではなく、ページの左側に「ラベル」という「何についての情報なのか」の目印となる見出しを書き込めるようにタテに線を引くか、最初から、区切られているノートを使うといいでしょう。

ここでもっとも重要なのは、具体的な言葉に落とし込んだ「いいラベル」つまり、いい

見出しをつけることです。「これが、仮説かな？」と思ったら、言葉にすることが重要。**ワンメッセージの具体的な表現で質問形式にすることが「いいラベル」の条件**です。

たとえば、先ほどの「A商品の都市部での販売方法」というテーマであれば、「A商品の都市部での売り上げを伸ばすべきか？」という質問形式の見出し（ラベル）を仮説として立ててみるのです。

なぜ、ワンメッセージの具体的な言葉にすることが重要なのか。その理由は、具体的かつシンプルな表現にすればするほど、解決すべき、つまりフォーカスすべきテーマが明確になるからです。

そして、質問形式の表現にすることにも理由があります。仮説を質問のかたちにすることによって、脳がその質問に答えようとして、自然と意識が集中して働き始めるからです。つまり、質問＝問いに答えることで、仮説が正しいかどうかを証明しようとし始めるのです。

質問に答えようという思考が始まることで、問題解決に向けたベクトルが生まれてきます。これこそが質問の力であり、だからこそ、いい質問形式のラベル（見出し）を見つけることが重要なのです。

いい見出しを見つけることが、問題解決の成否を分ける秘訣なのです。

たとえば、「A商品の都市部での販売方法」というテーマをさらに具体的なレベルにまで落とし込んで仮説に変換した、「A商品の都市部での売り上げを伸ばすべきか?」という見出しでノートに書き出して分析してみます。

A商品の都市部専門店での販売方法

◎ラベル（見出し）＝仮説

「A商品の都市部での売り上げを伸ばすべきか?」

◇事実……空

・来店客一人当たりの接客時間が量販店より長い

・来店客からの詳細な質問に対してもスタッフが対応できている

・指名買いのユーザーが多い
・値引きを求める来店客が少ない

◇解釈……雨
・丁寧な接客と説明を求めているユーザーが専門店に集まっている
・ユーザーの疑問や質問に対応できていることで購買動機が高い
・A商品に対する思い入れが強いユーザーがいる

◇行動……傘
・地方量販店よりも都市部専門店での販売支援を強化することで、A商品の売り上げをアップさせる

「事実」「解釈」「行動」の3つで、それぞれ気になった情報をグルーピングしてみると、どうやら都市部専門店では、A商品の熱心なファン（来店客）が集まっていて、スタッフとの間によい関係ができていることがわかったのです。それならば、都市部専門店の人員

をさらに強化し、ファンへの対応を質量とも向上させれば、A商品の売り上げがさらに増やせるかもしれません。

ここでようやく、「A商品」の売り上げ不振を解決するためには、売り上げが急激に低下している地方部の量販店のテコ入れではなく、都市部専門店での販売支援を強化することにあるという仮説が立ったわけです。

つまり「A商品の売り上げが不振という状況」に対する問題解決の仮説は、「都市部専門店での売り上げを伸ばすことで解決できるのでは?」ということが言えるのではないでしょうか。

このケースでは、A商品そのものに売り上げ不振の問題があったわけではありませんでした。

売れ行きの悪い地方部量販店などのフォローに営業リソースが分散してしまっていたことが「真の問題」だったのです。つまり、ユーザーとの結びつきの強い都市部専門店での販売支援やユーザーフォローに力を入れれば、売り上げが増やせるのではないかというのが「解決策」につながる仮説になります。

グルーピング・ノートで仮説を導き出す

A商品の都市部での売り上げを伸ばすべきか?

A商品の都市部専門店での販売方法

◇事実……空

- 来店客一人当たりの接客時間が量販店より長い
- 来店客からの詳細な質問に対してもスタッフが対応できている
- 指名買いのユーザーが多い
- 値引きを求める来店客が少ない

◇解釈……雨

- 丁寧な接客と説明を求めているユーザーが専門店に集まっている
- ユーザーの疑問や質問に対応できていることで購買動機が高い
- A商品に対する思い入れが強いユーザーがいる

◇行動……傘

- 地方量販店よりも都市部専門店での販売支援を強化することで、A商品の売り上げをアップさせる

事実・解釈・行動(空・雨・傘)でグルーピングすると、イシューが見えてくる

ポイント2 ストーリーラインを考える

主に使用するノート 「ケンブリッジノート（罫線ノート）」＋「方眼ノート」

STEP2 で仮説が立ち上がったら、**STEP3** の仮説検証に入る前に、ここでもう一つやっておくことがあります。仮説をもとに、解決策を実行するまでのストーリーライン（起承転結）を考えるのです。

この時点では、当然ながら仮説が違っている可能性もあります。それでもかまいません。不完全であってもストーリーライン（起承転結）を考えてから仮説検証を行ったほうが、最終的な解決策のゴールと照らし合わせて仮説検証ができるので、より精度の高い仮説検証ができるのです。

ノートに問題解決全体のストーリーラインを描く

ストーリーラインを描くまでの手順として、最初に STEP 1 では、「真の問題」を明らかにして、本当に答えを出すべきことはこれではないのか？ というイシュー（もっとも重要な課題）を決めました。

いくつもあるA商品の売り上げ不振の要素の中から、「都市部の専門店での販売方法に何かヒントがあるのでは？」というイシューを見極めたわけです。次に、そこから何をすべきかという視点から「都市部専門店での販売支援を強化することで、A商品の売り上げをアップさせる」という仮説が立ち上がりました。

この仮説が立ち上がった時点で、ノートに問題解決全体のストーリーラインを描いていきます。

仮説が立ち上がったら問題解決全体のストーリーラインを描いてみる

A商品の売り上げ不振を解決するには？

❶イシュー＝本当に取り組むべき真の問題を明らかにする

例）都市部の専門店での販売方法に何かヒントがあるのでは？

❷仮説＝真の問題を解決するための仮の答え・プランを設定する

例）都市部専門店での販売支援を強化することで、A商品の売り上げをアップさせる

⬇

イシューと仮説の当たりがつけられれば、ゴールに向かって全体のストーリーラインを描くことができる

ストーリーラインの例

(起) A商品の売り上げ不振解決の鍵は都市部専門店

(承) 都市部専門店の販売支援強化で売り上げを上げる

(転) 都市部専門店の顧客対応を検証

(結) 人員や予算を都市部専門店に振り分ける

⬇

このストーリーラインが正しいかどうかを❸仮説検証して、正しいことがわかれば❹実行する

例）都市部専門店をテストケースとして数か所訪問し、顧客対応が販売に繋がっているかどうかを検証する

ストーリーラインと聞くと、なんだか難しそうなイメージがあるかもしれませんが、言い換えれば問題解決までの道のりを「起承転結の脚本」でイメージするということ。

たとえば、ハッピーエンドの映画であれば、最初に登場人物たちの間に事件が起こり（起）、それがさまざまな問題をもたらし（承）、その問題を解決することで絆が強まり（転）、登場人物たちが新しい旅立ちをする（結）というような脚本があります。それと同じように、問題解決においてもゴールまでのストーリーライン（脚本）をノートに描くのです。

脚本が決まったら、次に設計図を描く

マッキンゼーのコンサルタントは、多くの場合、3ケ月～6ケ月ぐらいの短期間で一つのスタディ（コンサルティングのプロジェクト）を解決していきます。なぜ、そんなに短

期間で結果を出せるのかというと、最初からアウトプット（クライアントに提出する提案書などの最終成果物）を意識して問題解決全体の作業設計をするからです。

これがこうなればこうなって解決に至る、というストーリーラインを描き、最終的な結論（キーメッセージ）を設定し、それを支える理由や根拠となる事実をセットで考えるからこそ、やるべき作業（仮説検証など）が明確になり、漏れや無駄なく問題解決に向けて行動することができるわけです。

短期間で問題解決にまで導いていくために大切なことは、**問題解決のストーリーラインが見えた段階でノートの中に問題解決全体の〝設計図〟をつくること。つまり、ゴールイメージを早い段階ではっきりさせるということです。**

映画の制作現場も同じです。最初にストーリー全体の脚本がつくられ、それに基づいて、各シーンごとの絵コンテと呼ばれるそのシーンで表現したい映像の設計図（どんな背景や小道具があり、どんな登場人物がどう動くかといったものを絵であらわしたもの）がつくられ、その設計図に基づいて演出家が演出をして撮影が進められます。

ストーリーだけあれば、たとえ設計図なしでも「映画らしきもの」はつくれるかもしれません。しかし設計図がないと、本来表現したかった映像や伝えたかったメッセージを明確に伝えることはできません。

それと同じで、問題解決においてもストーリーが見えた段階で全体の作業設計図をノートに描くことが重要になります。問題解決における作業設計図は、映画の絵コンテと似ていて、アウトプットをイメージしながら「この要素は、このチャートで表現する」といったことを想定して、事実とそこから言えること、そのうえでの結論をもっとも説得力があるようにノートに描いていくのです。

STEP3

仮説を検証するためのノート

ポイント1　事前に質問リストノートをつくっておく

主に使用するノート　「ケンブリッジノート（罫線ノート）」

STEP1 真の問題を見つけ出す⬇STEP2 解決策の仮説を立てる⬇STEP3 仮説検証する⬇STEP4 アウトプットをつくる

STEP2 で行った情報のグルーピングで見つけ出した、解決策につながる「仮説」が本当に使えるものなのかどうか。今度は、その**「仮説」を持って現場でヒアリング**を行います。ほかにも仮説検証の方法はありますが、仮説とノートを持って現場に出るのが基本です。

このときマッキンゼーであれば、「ケンブリッジノート」など外部でも情報を漏れなく書き取れる罫線ノートが必需品。私の経験上、多くの情報を書き取っていく場合は罫線ノートのほうがサクサクと手を動かすことができます。

ICレコーダーを使って録音して文字に起こす（ディクテーション）という方法もありますが、やはり自分がリアルタイムで相手の表情や声のトーン、態度などを観察しながらノートに書き取っていくほうが、なぜかあとでそのノートを見返したときに、「これだ！」というアウトプットをつくりやすいのです。

現場で「仮説」を効果的に検証するためには、**事前に「質問リストノート」をつくって用意しておくことがとても重要**です。

マッキンゼーでは、質問リストノートなくして、現場でのヒアリングはしないのが鉄則でした。

なぜ「質問リストノート」が重要になるのか。それは「Where（問題の在りか）」「Why（原因）」「How（対策）」の3つの要素がきちんとつながるように質問して仮説を深めていく必要があるからです。

たとえば、先ほどの「A商品」の売り上げをアップさせるための仮説として「都市部専門店での販売支援やユーザーフォローを強化させる」というものを立てたのなら、**「Where（問題の在りか）」「Why（原因）」「How（対策）」がつながるような質問をして仮説を検証**する必要があります。

◎仮説

「都市部専門店での販売支援やユーザーフォローを強化させると、A商品の売り上げが上がる」

◇「Where（問題の在りか）」に対する質問……

都市部専門店での平均接客時間は？⬇（答え）平均30分（量販店は平均10分未満）

◇「Why（原因）」に対する質問……

都市部専門店での接客内容は？⬇（答え）商品説明よりも、商品の効果的な使い方やユーザーの活用シーンに対する詳細なやりとりに時間をかけている

◇「How（対策）」に対する質問……

ユーザーの質問や疑問を解消するために工夫していることは？⬇（答え）ユーザーの活用事例をまとめた小冊子を独自に店頭配布（ここでしか手に入らないため来店動機に）

もし、「都市部専門店での販売支援やユーザーフォローを強化させる」ことが「A商品の売り上げをアップさせる」ことにつながるという仮説に脈があるのなら、一連の質問から出てきた答えに、「Where（問題の在りか）」「Why（原因）」「How（対策）」に

仮説を検証するための質問リストノート

◎インタビューの目的

「都市部専門店の接客強化が売り上げUPにつながる」という仮説を検証

「Where（問題の在りか）」に対する質問

質問1 都市部専門店での平均接客時間は？

平均30分（量販店は平均10分未満）

「Why（原因）」に対する質問

質問2 都市部専門店での接客内容は？

商品説明よりも、商品の効果的な使い方やユーザーの活用シーンに対する詳細なやりとりに時間をかけている

「How（対策）」に対する質問

質問3 ユーザーの質問や疑問を解消するために工夫していることは？

ユーザーの活用事例をまとめた小冊子を独自に店頭配布（ここでしか手に入らないため来店動機に）

おいて有益さを思わせる何らかのつながりがあるはずです。

つまり、**仮説をもとにした質問から得られた答えがどれも矛盾していないことで、仮説の検証ができ、解決策を実行したときの効果が高まる**というわけです。

なぜ、わざわざこのような検証をすることが大切なのでしょうか。皆さんも経験があると思うのですが、私たちは何か問題を目の当たりにしたときに、つい、すぐに思い浮かぶ方法でＨｏｗ（対策）を考えようとしてしまいます。

マッキンゼーのある先輩は、新人時代、現場のヒアリングをもとにイシューを考えるときに、マネージャーから「君はＨｏｗ（対策）のことしか言っていない」と指摘されハッとしたことを今でも覚えているといいます。

たとえば「早起きしないといけないのに、早起きができない」という問題に対して「寝る時間を早くすればいい」というような発想をしてしまうのと同じです。

この場合、本当に「寝る時間を早くする」という「Ｈｏｗ（対策）」が有効なのかどうかは、そもそもの「Ｗｈｅｒｅ（問題の在りか）」がどこにあるかによって変わってきます。

もし、早起きができないことの「真の問題」が、早起きの必然性を感じていないというところにあるのだとしたら、早く寝ても、その分、睡眠時間が長くなってしまうだけでしょう。それなら、早起きの必然性をつくるという「Where（問題の在りか）」に合った「How（対策）」を考えないといけません。

なぜ、そんなふうになってしまうのかというと、人間の心理として「本当はこれをしないといけないのに、できていない」という自分の中で矛盾した状況があると、その状態を抱えたままでいることが不快なので、なんとか早く解消したくなるからです。

これは心理学で「認知的不協和」と呼ばれるものですが、自分の抱えている矛盾に対して、本当にそれで矛盾が解消できるかどうかよりも、**まず「不快な気持ちを解消したい」という心理が働くために、本質的な解決とはズレていても、すぐに思い浮かぶ対策に走ってしまう**わけです。

同じ現象は、問題解決の現場でも起こりがちです。

A商品が売れていないという地方の量販店で「この商品はなぜ売れないと思いますか？」と売り場のスタッフに質問しても、「競合商品に比べて高いから」「競合商品に比べて機能が少ないから」「そもそも人気がないから」というような「Ｗｈｙ（原因）」に関する回答ばかり返ってくるかもしれません。

そのうえで「どんな販促策が欲しいですか？」と「Ｈｏｗ（対策）」についてたずねると、「価格を下げてほしい」「機能を増やしてほしい」「人気商品と入れ替えてほしい」というような、すぐに思い浮かぶ対策ばかりが返ってくる可能性が大です。

こうした「Ｈｏｗ（対策）」の中に、ちょっと面白そうなアイデアがあると、ついそれに引きずられて「これでうまくいくかも」と思ってしまいますが、本当にそうすることで本来やろうとしていた問題解決につながるのかどうかを常に問うことが大切です。

そのためにも「Ｗｈｅｒｅ（問題の在りか）」「Ｗｈｙ（原因）」「Ｈｏｗ（対策）」が矛盾なくつながるような質問をして仮説を検証することが大切なのです。

ポイント2
フォロー質問をして質問を進化させる

主に使用するノート
「ケンブリッジノート（罫線ノート）」

では、どうすれば効果的に仮説検証ができるのか。もっとも基本的で簡単なのは、**現場**

で仮説について質問していくときに「いい質問」を重ねていくことです。

「いい質問」というのは、その返答を聞いて終わりになるような質問ではなく、そこからさらに本質に迫っていけるような質問のことです。

たとえば、A商品が売れないという売り場で「A商品と同等の商品で売れているものはどれですか?」という質問をしてみます。「B商品が売れてます」という答えが返ってきたら、その答えを受けたフォロー質問として「それはなぜですか?」「お客さんは、どんな買い方をしていますか?」と、さらにたずねるのです。

すると、「B商品はサンプルをチェックして買われていく方が多いですね」という答えが返ってきました。そこから、A商品はB商品よりも価格は少し低いにもかかわらず売れていないのは、もしかしたら価格よりもサンプルがないことが影響しているのではないか?というように、質問を重ねながら何がイシューになっているのかの検証をしていくのです。

こうした質問は、経験を積むことでその場で臨機応変にできるようになりますが、最初は意識して、一つの質問をそれだけで終わらせずに、**出てきた答えに対して「それはなぜですか?」という質問を繰り返し、検証を深めていく**ことが大切です。

問題解決の現場では、本質的な原因を究明するために「なぜを5回くり返せ」と言われます。たとえば「B商品が売れてます」という答えに対して「それはなぜですか？」という質問をしていくことで、「サンプルをチェックできるからです」という、より突っ込んだ回答が得られます。そこで、さらに「なぜサンプルをチェックできるといいのですか？」という「なぜ」をくり返すと、「サンプルが顧客に安心感を与えているから」というように、本来知りたかった答えが得られるのです。


仮説を検証するために、場所を変えて同じ質問をしていくケースもあります。

たとえば、リサイクルショップを運営しているチェーンについての質問をするとしましょう。昔から「利は元にあり」と言うように、リサイクルショップの経営では、いかによいリサイクル品（状態がよく需要のあるもの）を買い取れるかが経営の重要要素。

そこで、買い取りを強化したいのですが、なかなか店舗での買い取り率が上がらないのが課題となっていました。そこで「買い取り価格で負けているために買い取り率が上がらないのでは？」という仮説を検証するため、各店舗でいろいろな質問をしてリサーチしていったのです。

都心部のA店では「買い取りで対応するお客さんと、リサイクル品の販売で対応するお客さんの比率はどれくらいですか?」という質問をしたところ、「買い取りが40%、販売が60%」という回答。

同じ都心部のB店でも、同じような割合の回答がありました。そして、また同じ都心部のC店でも同様の回答があったとすると、そこには何らかの共通項がある可能性が高くなります。

その場合、また別の都心部の店舗で同じ質問をしても、似たような回答が返ってくる可能性が高いですよね。

そこで、さらに質問を進化させ、「買い取りに来店されるお客さまの商圏はどれくらいですか?」という質問も追加したのです。

すると、都市部店舗で設定している商圏に比べて、実際に買い取りで来店されるお客さんの商圏は狭いことがわかりました。そこから「都市部の買い取り客は、自動車を所有している比率が低く、売るための品物を持って来店しにくい。それなら都市部こそ出張買い取りを強化すべき」という解決策の仮説を立てることができるのです。

STEP4 アウトプットをつくるためのノート

ポイント1 サマリーノートを常につくる

主に使用するノート 「マッキンノート」「方眼ノート」

STEP1 真の問題を見つけ出す➡**STEP2** 解決策の仮説を立てる➡**STEP3** 仮説検証する➡**STEP4** **アウトプットをつくる**

解決策につながる仮説が検証されたら、サマリーとしてまとめる作業を行います。いよいよ最終的な問題解決策実行のためのアウトプットをノートで準備するのが、この4番目のステップです。

マッキンゼー流ノート術の特徴の一つが「アウトプット志向」です。

クライアントへの提案資料などのエンドプロダクト（最終成果物）を常に意識しながら、そのアウトプットのためにノートを活用していきます。

なぜ、アウトプットのためにノートを使うのか。皆さんは、たとえば上司から「今度の会議で使う、A社への提案戦略資料をまとめておいて」と言われたときに、いきなりパソコンに向かっていないでしょうか。

マッキンゼーではアウトプットの資料をまとめるときに、いきなりパワーポイントなどのプレゼンテーションソフトに向かわないのが基本中の基本。

まず、ノートを使って徹底的に思考を磨き、整理して全体のストーリーラインをしっかり描きます。そして、マッキンノートを使って「ワンチャート、ワンメッセージ」の原則に則ったチャートのドラフト版をつくってから、初めてパワーポイントで資料をつくりこむのです。

パワーポイントでの作業を行うまでに、毎日、10枚、20枚のチャートをマッキンノートに書いては直すことを繰り返す。そうやってノートで手を動かすことで思考を深め、思考整理がされ、アウトプットのメッセージが磨かれていくのです。

そこまでやるのはコンサルタントだからでは？ と思われるかもしれませんが、そうではありません。あなたがA社への提案戦略資料をまとめるという仕事を頼まれたとします。そのゴールは「A社への提案を成功させるにはどうすればよいか」という問題解決に向けたもの。つまり、コンサルタントが行う問題解決と仕事の本質は同じなのです。

だからこそ、いきなりパソコンに向かうのではなく、まずはノートで「A社への提案戦略を成功させるストーリーライン」を描くことが大切になります。

検証した仮説（解決策）から提案書や報告書、プレゼン資料などのアウトプットをつくるわけですが、もうすでにノートの時点で「アウトプットのかたち」が見えている。つまり、**アウトプットのイメージから逆算してノートを使って問題解決の設計をしていく**というわけです。

これに対して、一般的によくあるのが、たくさんの資料、データの山を分析して、ようやく「解決策」が見えてきたけれど、さて、そこからどうすればロジカルで説得力のあるアウトプットにできるのだろうかと悩むケースです。

マッキンゼーでは、基本的にイシューや解決策が見えたときには、ロジカルで説得力のあるアウトプットのつくり方も見えています。だからこそ、数ケ月というような短期間での緊急度の高いプロジェクトでも「スピード」と「クオリティ」のどちらも維持したアウトプットができるのです。

たとえば、仮説を検証するために現場でヒアリングをするときも、角度の高い「いい質問」をすることで、早い場合なら3～4ケ所でヒアリングをしただけで仮説検証に確信を持てることも少なくありません。

ある紳士服量販店のスタディでは、競合店よりも商品のブランド力やスタッフの接客の質を上げることが売り上げと利益向上の命題と思われていたのですが、問題解決プロセスを走らせる中で「顧客は接客の質やブランド力よりも、店舗が自宅近くにあり必要なものが短時間ですぐ買える利便性」を求めているのでは？という仮説が浮かんできました。

そこから、「店舗展開や商品構成を見直し、サイズ別・目的別に『必要なものがすぐ買える』ことを売りにすることで集客・売り上げ・利益が向上する」という仮説を検証していき、3～4ケ所のヒアリング段階で「紳士服量販店に求められているのはコンビニエンスストアのような利便性」というキーメッセージ（アウトプット）を出すことができました。

つまり、「紳士服量販店に求められているのはコンビニのような利便性」というアウトプット（キーメッセージ）を仮説検証の段階でつかめたときには、左の例のように、それを主張する論理的な理由（顧客はブランドや接客の質は求めていない）と根拠（欲しいものが自分で選べる利便性の高い店が人気）が同時につかめているので、アウトプットの説得力で悩む必要もないわけです。

ではいったい、どのようにしてノートを使いながらアウトプットをかたちにしていくことができるのか。その秘密は**「サマリー」を常に意識してノートをつくること**にあります。「サマリー（Summary）」とは、要約や概要という意味ですが、ここでいうサマリーはもう少し深い意味を持つものです。コンサルタントの世界では「ピラミッドストラクチャー」と呼ばれる「事実」と「その理由」を積み上げた「提案」のためのフレームワークがありますが、サマリーを意識することは、まさにピラミッドストラクチャーを意識するのと同じです。

つまり、メッセージや情報をわかりやすいかたちにまとめて、すぐに伝わるようにする

マッキンノートを使ったサマリーの例

■紳士服量販店における売り上げ向上施策

紳士服量販店に求められているのはコンビニのような利便性

伝えたいキーメッセージ(主張)を書く

理由と根拠を構造的にまとめる

1)商品のブランド力が顧客誘引になっていない
- → 顧客はブランドよりもわかりやすさを重視(73%)
- → 顧客はブランドよりもリーズナブルな価格設定を重視(78%)
- → 顧客はブランドよりも機能性を重視(71%)

2)接客の質の向上が売り上げに結びついていない
- → 顧客は長時間の接客を望んでいない(85%)
- → 顧客は店員に話しかけられるとストレスを感じる(90%)
- → 顧客は売り込まれる店を避けている(95%)

3)顧客が「使いにくい店」という認識をしている
- → 顧客は自分の体型にあった商品を素早く探したい(70%)
- → 顧客は22時以降も開いている店を求めている(72%)
- → 顧客は裾上げなど補正の即日仕上げを望んでいる(88%)

出典;顧客ヒアリング調査　n=100

サマリーには、伝えたいキーメッセージ(主張)とその根拠を構造的にまとめるのがポイント

作業が「サマリー化」ということです。

じつは、今の時代はこの「サマリー」がとても重要性を持つようになってきています。なぜかというと、コミュニケーションの多くが「文字で伝えるもの」になっているからです。LINEやツイッター、Facebookなどのソーシャルメディアをはじめ、メールなどのツールが当たり前のように日常生活やビジネスの中に組み込まれてきたことで、わかりやすく文字で伝えることの価値はとても高くなっています。

「結局、何を言いたいのか」ということが、スピード感とインパクトを持って伝えられるかどうか、相手に伝わるかどうかが、いろいろな場面で大事になってきているわけです。

逆に言えば「サマリー力」の高い人ほど、情報発信の機会が多くなり、例えばFacebookなどのSNS上でまわりにシェアされたり評価されたりすることも多くなります。

つまり、今、重要度を増している「サマリー」とは、単に要約や概要をつくることではなく、**自分が相手と共有したいことを、どれだけ的確かつ力強く伝えることができるかという力**のこと。

マッキンゼーでは報告書を提出する際、その冒頭に必ずサマリーを添付します。そのサマリーさえ読めば、報告書の中で指摘している問題点や提案している解決策、そしてその根拠が簡潔にわかるようになっています。

私も新人時代、数多くのサマリーを作成しましたが、その度に上司から何度も修正や直しを命じられ、日々それを繰り返す中で徐々にサマリー力が磨かれていきました。

ですから「サマリー力」を鍛えることを日常的にノートを使って行うことが大切であり、その習慣が問題解決のアウトプットの力にもつながっていくのです。

アウトプットのためのサマリー力を「ブレット形式」で鍛える

アウトプットのためのサマリー力をノートで鍛えていくには、自分の頭の中を構造化して、その構造をノートに「ブレット（bullet）」形式と呼ばれる箇条書きで書いていくのがいちばんです。「ブレット（bullet）」とは文章を箇条書きにするときに、各文章の先頭につける黒い丸印（・）のこと。

構造化というと難しく感じるかもしれませんが、ひと言で言えば「主張」と、その「理由」「根拠となる事実」をわかりやすくまとめることです。

ブレット形式では、ノートの左端に「何についてのサマリー」なのかということが、あ

ブレット形式のサマリーノートの例

神士服量販店にユーザーが求めているものは？

「結論（仮説やイシュー）」

- 紳士服量販店にユーザーが求めるのは近所で必要なものがスグ買える利便性

「現状の事実・根拠」

- ブランド戦略を展開しているが顧客に浸透していない
- 接客の質で差別化を図ろうとしているがスタッフに負荷がかかっている
- ブランド品セールなどで販促費をかけても継続的な売り上げ増にならない

「解釈・意味合い」

- ユーザーは生地やデザインのブランドよりもトレンドに合ったものが手早く買えるほうが嬉しい
- サイズ別、体形別の売り場にすることでユーザーが自分で選べることでユーザーの利便性が増しスタッフの負荷が減らせる
- 利便性が高くセンスも悪くない店という認知をユーザーにしてもらうことで継続的な売り上げが見込める

この内容をワンチャート、ワンメッセージでアウトプットにまとめる！

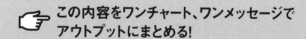

郵便はがき

料金受取人払郵便

芝局承認

648

差出有効期間
平成29年1月
4日まで

106-8790

011

東京都港区六本木2-4-5
SBクリエイティブ(株)
学芸書籍編集部 行

自宅住所 □□□-□□□□	自宅TEL (　　)
フリガナ 氏	名
性別 男・女	生年月日 19　年　月　日
e-mail @	
会社・学校名	

職業
- □ 営業・販売・サービス
- □ 財務・経理職
- □ 総務・人事職
- □ 経営・経営企画職
- □ 広報・広告宣伝・マーケティング職
- □ 研究開発職
- □ エンジニア・プログラマー
- □ その他の技術職
- □ デザイン職
- □ その他一般事務職
- □ 専門職(医師・弁護士など)
- □ 技能職(工員・美容師など)
- □ 教師・講師
- □ 自由業
- □ 自営業
- □ 農林漁業
- □ パート・アルバイト(学生除く)
- □ その他(学生含む)

SBクリエイティブ(株)からの
最新情報の提供を希望されますか? はい・いいえ

学芸書籍編集部

ISBN:978-4-7973-8201-3

愛読者アンケート

マッキンゼーのエリートはノートに何を書いているのか

■本書をどこで知りましたか？

□書店店頭　□新聞・雑誌・Webでの紹介（媒体名　　　　　　）
□知人の推薦　□メーリングリスト　□弊社のホームページ
□その他（　　　　　　　　　　　　）

■本書の評価はいかがですか

内容	□よい	□普通	□悪い
タイトル	□よい	□普通	□悪い
表紙	□よい	□普通	□悪い
価格	□よい	□普通	□悪い

■お買い上げの動機をお聞かせください

■内容についての感想・ご意見をお聞かせください

アンケートにご協力ありがとうございました

ご記入いただいた個人情報は、アンケート集計や今後の刊行の参考とさせていただきます。また、いただきましたコメント部分に関しましては、お住まいの都道府県、年齢、性別、ご職業の項目とともに、新聞広告やWebサイト上などで使わせていただく場合がありますので、ご了承ください。

とからノートを見返したときにパッとわかるラベル（見出し）を記入し、本文のところに黒い丸印「・」をつけて「結論（仮説やイシュー）」➡「現状の事実・根拠」➡「解釈・意味合い」の順に整理しながら書き込んでいきます。

そして、ノートのいちばん下には「次にやるべきこと」「次に考えるべきこと」を必ず書いておくことで、アウトプットに向けた流れをつくっていくのです。

問題解決プロセスの中でこうした「サマリーノート」をつくっておくことで、プロセスをすべて検証し終わったときには、**サマリーの内容をリネーム（内容はほぼそのまま、名称を新しくする）していけば、それがそのままプレゼンシートやレポートなどのアウトプットに**できます。

そうすることで、やってきたこととアウトプットにズレが発生するのを防いだり、アウトプットづくりにかける時間を効率化することができ一石二鳥になるわけです。

ピラミッドストラクチャーで説得力を増す

同じように、自分の思考を構造化してサマリーをつくるときに便利なのが、コンサルティングの現場で使われる「ピラミッドストラクチャー」です。

「ピラミッドストラクチャー」は、文字どおり、ピラミッドのようにいちばん上に「主張」となるキーメッセージが立ち、その主張を「それらが導き出される理由」「根拠となる事実」が下から積み上げられて支えています。

主張、理由、根拠の3つの要素が互いにしっかりと隙間なく密着しているからこそ、自分の主張が強さを持つわけです。

いちばん上に立てる主張が「あと5kgダイエットすべき」なら、その下に「健康診断の数値が悪くなっている」「服のサイズがきつくなっている」「異性の目が気になる」という理由が並び、さらにその理由を支える「根拠となる事実」について「医師から体重減を勧められている」「不規則な生活が続いて運動不足」「着たい服のサイズが合わなくてショックだった」「階段の上がり下りがきつい」……といった要素が並びます。

なぜ、ダイエットの例で「ピラミッドストラクチャー」を説明したかというと、自分の思考を構造化して、自分の主張や行動に自信を持てるようになるのは、仕事上のことだけに限らないからです。

日常生活の中でも、自分の思考を構造化する習慣を持っておくことは思考のモヤモヤをすっきりさせることができ、何事にも自信と説得力を増すことができるのでお勧めです。

ピラミッドストラクチャー形式のサマリーノートの例

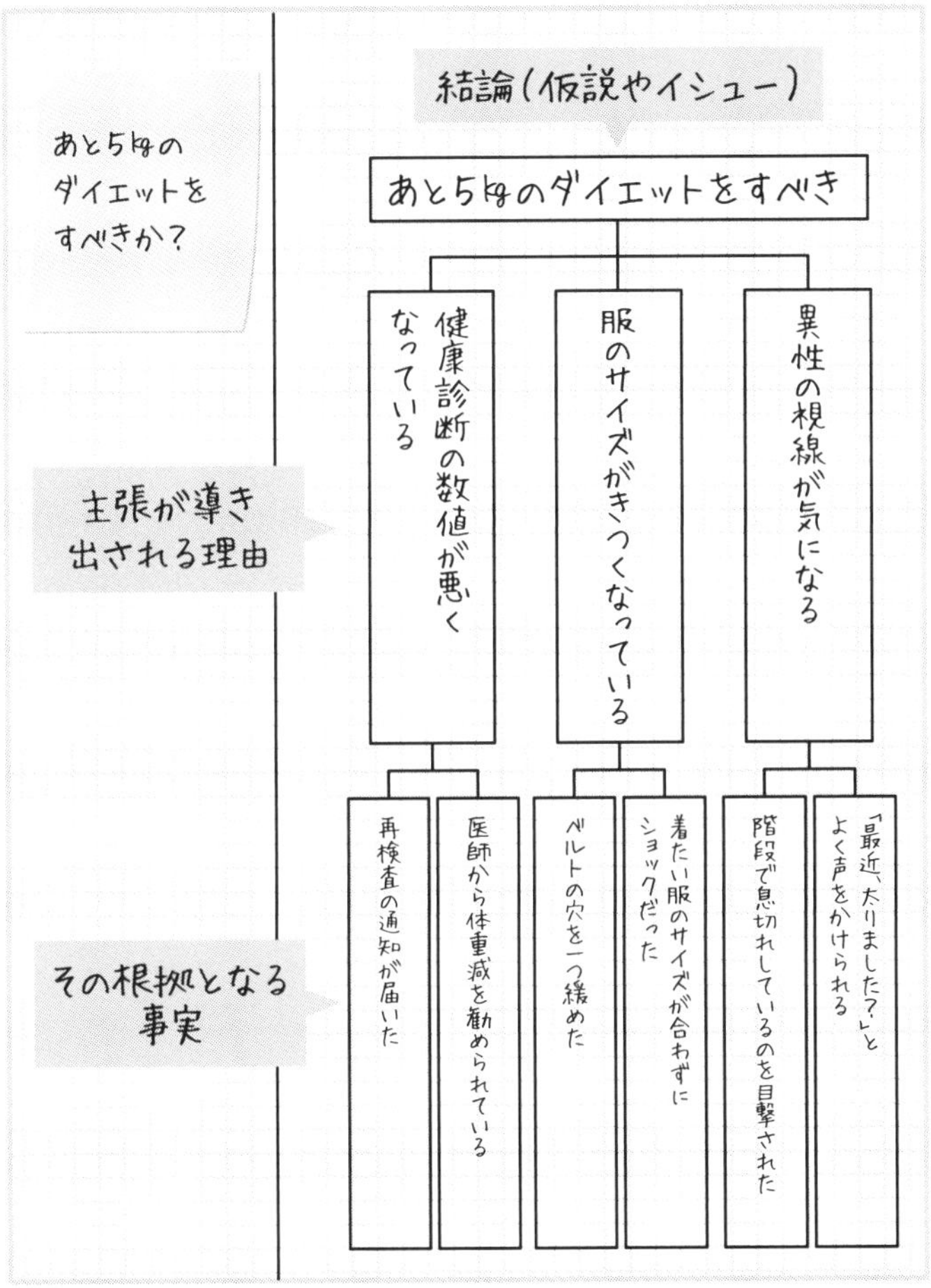

この「ブレット形式」と「ピラミッドストラクチャー形式」の2つのサマリー化の方法は、伝えるべきメッセージは同じですが、そのまとめ方（構造化の仕方）が異なります。あえて言うなら「ブレット形式」でサマリーノートをつくるのが「言語思考派」とすれば、「ピラミッドストラクチャー」でサマリーノートをつくるのは「イメージ思考派」。

どちらが優れているということではなく、そのときの状況や自分の感覚で使いやすいほうを選べばいいのです。

どちらのやり方をする場合でも、最初から1回でサマリーを完成させようとする必要はありません。ノートで消したり書いたりしながら、これなら説得力があるというサマリーを完成させてみましょう。

問題解決のステップごとに、それに合ったノートの使い方をするというだけでも、従来のノート術のイメージとはかなり違った印象を持たれたと思います。

こうしたノートの使い方＝問題解決のためのノート思考は、学校や職場で教えてもらう機会は少ないかもしれませんが、だからこそ知っているのと知らないのとでは勉強や仕事の結果に大きな違いが出てくると思います。

さて、最後に、ここまでの問題解決のステップに沿ったノートの使い方のゴールとして、ステップ1から順に例で示してきた「A商品の売り上げ不振の問題解決」についてのアウトプット＝解決策をピラミッドストラクチャー形式とブレット形式でまとめてみましょう。

主張となる《キーメッセージ》は「都市部専門店での販売支援やユーザーフォローを強化させるとA商品の売り上げが上がる」というものでした。

キーメッセージが《導き出される理由》としては、「都市部専門店での顧客の購買動機が高い」「都市部専門店の顧客満足度が高い」などがあり、《根拠となる事実》として「来店客一人当たりの接客時間が量販店より長い」「指名買いのユーザーが多い」「値引きを求める来店客が少ない」などがあげられます。

ノートを使った「真の問題の特定」「仮説の設定」「質問による仮説検証」などによって積み上げられたアウトプットだからこそ、しっかりと説得力を持ったものになっているということです。

A商品の販売施策における ピラミッドストラクチャー形式の サマリーノートの例

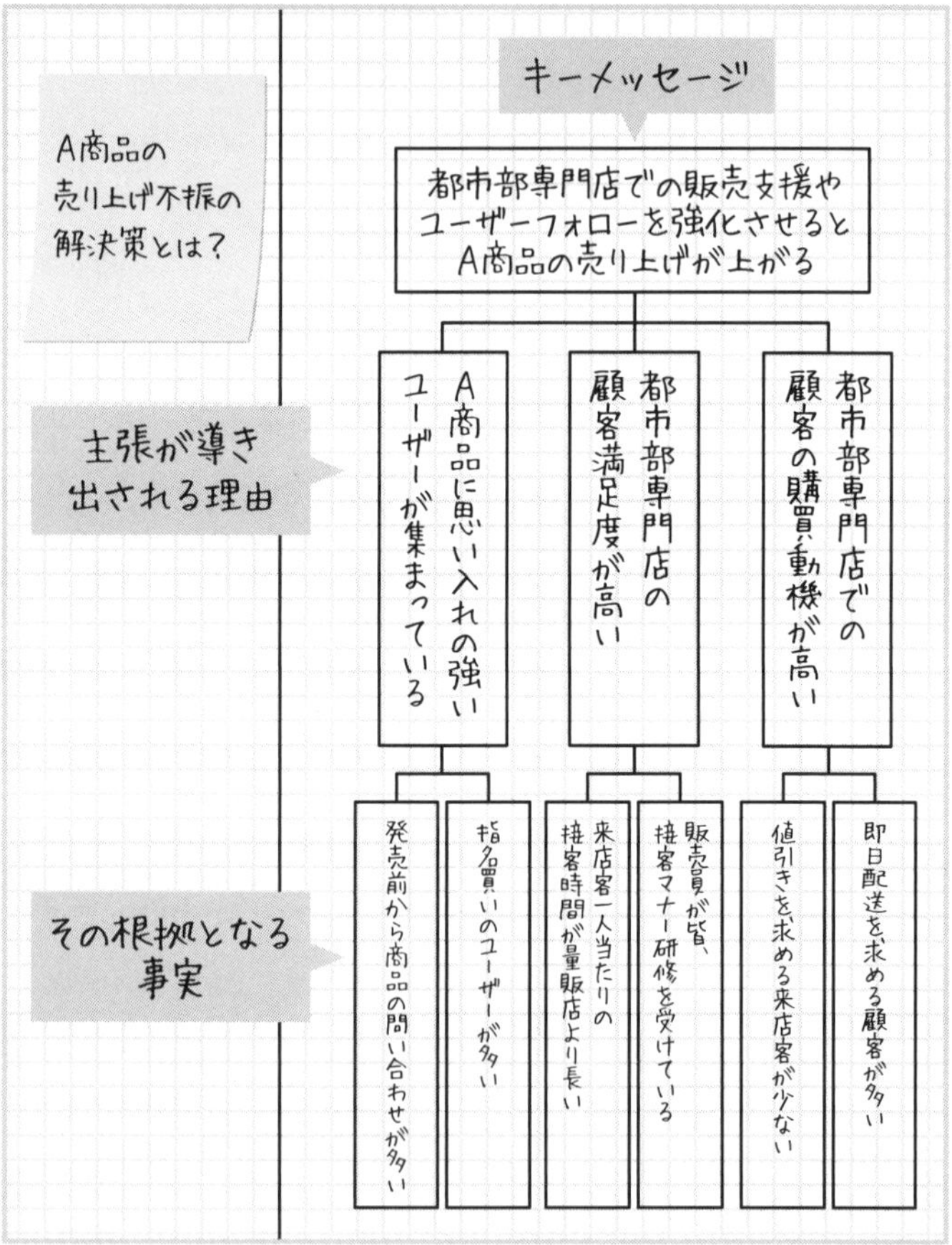

A商品の販売施策における
ブレット形式のサマリーノートの例

A商品の
売り上げ不振の
解決策とは？

キーメッセージ

・都市部専門店での販売支援や
ユーザーフォローを強化させると
A商品の売り上げが上がる

**主張が導き出される理由と
その根拠**

・A商品に思い入れの強い
ユーザーが集まっている

→ 指名買いのユーザーが多い

→ 発売前から商品の問い合わせが多い

・都市部専門店の顧客満足度が高い

→ 来店客一人当たりの接客時間が
量販店よりも長い

→ 販売員が皆、接客マナー研修を受けている

・都市部専門店での
顧客の購買動機が高い

→ 値引きを求める来店客が少ない

→ 即日配送を求める顧客が多い

思考の〝筋肉〟をノートで鍛える

ここまで問題解決のためのノートの具体的な使い方をステップごとに見てきましたが、よりスムーズにノートで手を動かすためのヒントもいくつかお話しします。

サマリーノートで思考整理をするときには「具体的に書く」ことが大事です。誰が、何を、どのようにという内容を「抽象的」な言葉ではなく、できるだけ具体的な言葉に変換していきます。

もちろん、最初は思いついたままの表現でかまわないのですが、それらをグルーピングしていくときには、**より行動につながりやすいように具体的な表現にする**のです。たとえば、「会議を活性化させることが重要」という表現では、何をどのようにすることが「活性化」なのかわからないですよね。

そこで「午後の会議をやめて、ブレックファースト・ミーティングにする」というように具体的なアクションレベルにまで落とし込んで書いていきます。

行動を意識したグルーピングを行うときの思考は、自分自身を客観的に見るイメージで行うのがポイントです。

思いのまま出てきた言葉に対して「自問」を行い、深掘りしていくのです。ここでも、基本はアウトプット志向。「モチベーションを上げることが大切だな」と、ぼんやり思っていても、それだけではモチベーションは上がっていきません。

人間は具体的に「いつ、何を使って、どのように」ということが腹に落ちなければ、行動に移すスイッチが入らないのです。

自分の考えが「ぼんやりしているな」と思ったら、まずノートに手を動かして書いてみること。ノートに書くことで「ここがネックだった」「この部分の考えが甘い」という現実や、「ここは、そんなに大切ではないのかも」ということがわかってきます。

ノートで思考を整理するのは、肉体トレーニングで言えば、コアマッスル（体幹を支える筋肉）を鍛えるのと同じ。コアマッスルの強化があらゆるスポーツの基礎となるように、ノートで思考を整理するのは、問題解決ができる思考回路を強化することにつながっていきます。

また、問題解決思考の回路が鍛えられていくと、シナプス（脳内の情報伝達のための接合部）が連携し合って、人の話を聞きながら、頭の中でも「空⬇雨⬇傘」のストーリーが走らせられるようになります。

こうなると、問題に対処することが、ある意味で楽しいことに感じられるようになるのです。少なくとも、苦ではなくなるでしょう。話を聞きながら、問題解決の道筋がざっくりとでも見えていれば、ノートに整理していくときにも余裕が生まれるので、そこでさらにグッとくるアイデアが浮かんだりもします。

こんなふうにお話をすると、それは何か特別な感性の持ち主にしかできないことのように思われることもあるのですが、そんなことはありません。もちろん、人によって得意分野は違ってきても、これはトレーニングを積むことで誰でもできることです。

できるかできないかの差は、そもそもこういった「問題解決のためのノート思考」の存在を知っているか知っていないかの差でしかないのですから。

「3の累乗の法則」でノートをつくる黄金律

アウトプット志向でノートを使って思考整理をしていくときに、常に頭の片隅に置いてほしいのが「3の累乗の法則」です。これはマッキンゼー時代、ある先輩から「3の累乗で資料をまとめるといいよ」と言われたことから見いだした法則です。

問題解決を進めていくと、とくにエンドプロダクト（最終成果物）に近づくにつれ、残された時間はどんどん少なくなるので、素早くさまざまなことに「当たり」をつけなくてはいけません。そのときに、活躍するのが「方眼ノート」を使った「ブランクチャート」。ブランクチャートとは、伝えたいメッセージやイメージ図だけが入っていて、まだ必要な数字や情報が入っていない状態のものです。

このブランクチャートに、「ワンチャート、ワンメッセージ」の原則に従って、必要なチャートのラフと意味合いを書き込んでいくのですが、そのときに**「3の累乗の法則」でノートづくりをしておくと、エンドプロダクトのプレゼン資料がまとまりやすくなります。**

3の累乗の法則というのは、文字どおり「3の累乗」で必要なアウトプットの枚数を構成・展開していくということ。たとえば、空⬇雨⬇傘も「3」が基本となって構成されていますし、ピラミッドストラクチャーも「3の累乗の法則」で展開するのがポイントです。

3の2乗＝9枚、3の3乗＝27枚、3の4乗＝81枚を基本にアウトプットを想定して、そこからの逆算で必要な要素を考えてブランクチャートに書き入れていくわけです。

なぜ「3」という数がベースなのかというと、大事なことが「2つ」というのでは心理的に足りない感じがして、「4つ」では多すぎるように感じるという人間心理から発想したもの。

マッキンゼーの先輩たちのアウトプットを見ていると、スッと入って腑に落ちやすいものは「3の累乗」でつくられていることから見いだした法則です。これは黄金律と言ってもいいでしょう。

「ワンチャート、ワンメッセージ」のブランクチャート

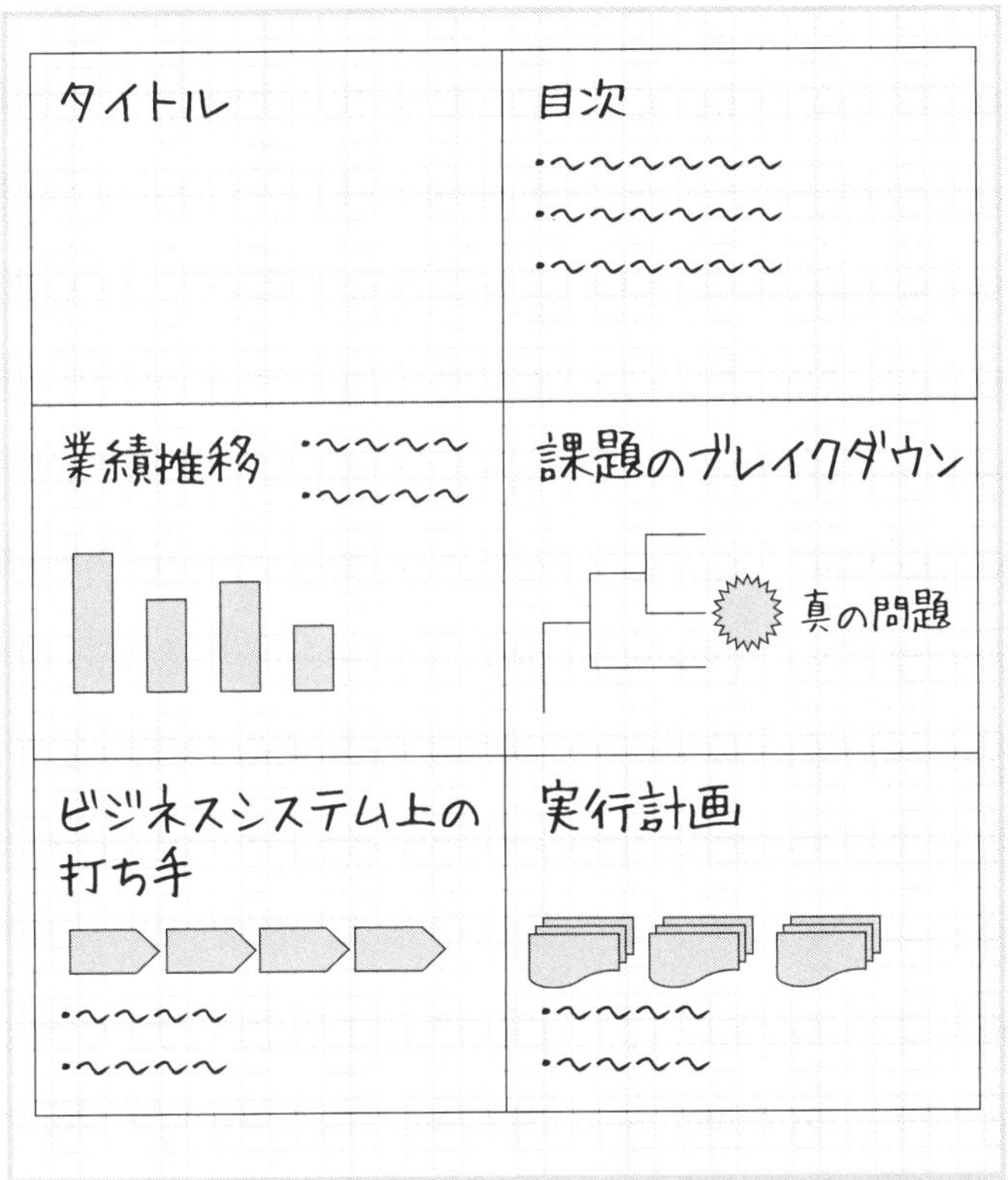

基本はワンチャート、ワンメッセージ。シンプルなメッセージだからこそ、人を動かす力を生む

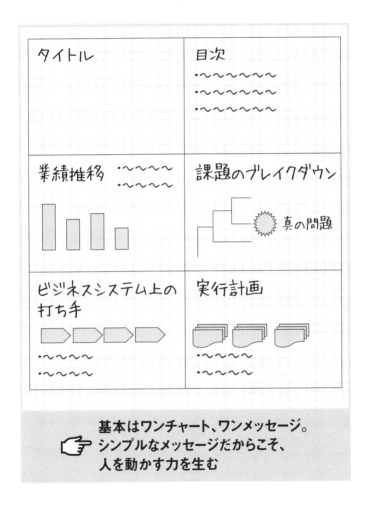

アウトプットをつくるために何ページという制限を設けないほうが、自由に使えて発想も広がりそうな気がするかもしれませんが、逆に**制限がないことで、あれもこれもと寄せ集めてしまい、結果的にアウトプットがシャープなものではなくなることのほうが多い**のです。

イギリスの政治学者であり歴史学者のシリル・ノースコート・パーキンソンが提唱した、「パーキンソンの法則」というものがあります。

これは「仕事の量は、完成のために与えられた時間をすべて満たすまで膨張する」「支出の額は、収入の額に達するまで膨張する」という2つの法則を総称したものですが、どちらにも共通しているのは、人間は、どんなものでも「与えられたものを使い切ろう」として、常に「もっと時間や余裕があれば」と考えてしまう習性があるということです。

だからこそ、いたずらに使える紙のスペースやアウトプットの量を増やすのではなく、最初から「3の累乗」で最適と思われる数値を設定して、その中で収まるように作業を進めるほうが、速くて納得できるクオリティの仕上がりになるのだとマッキンゼーで学んだのです。

「3の累乗の法則」で展開するピラミッドストラクチャー

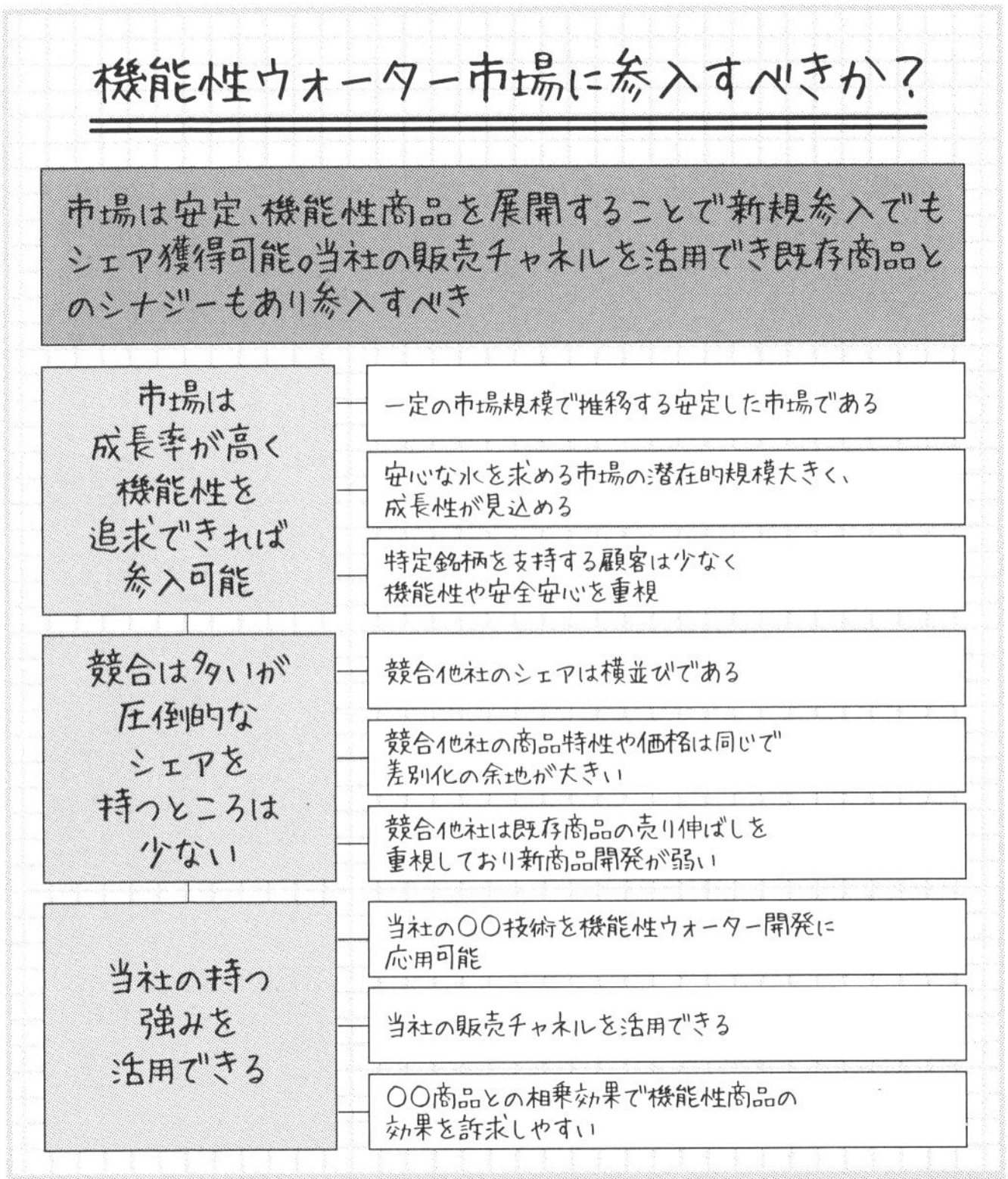

ピラミッドストラクチャーも論旨をそれぞれ3つのポイントで展開すると説得力が増す

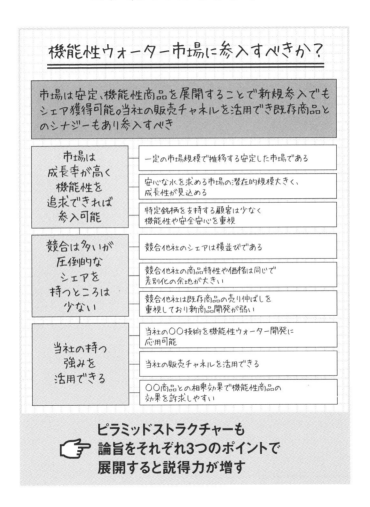

ワンチャート、ワンメッセージ

アウトプットが何ページであっても、言いたいことは1ページに一つ。つまり「ワンチャート、ワンメッセージであれ」というのがマッキンゼーの基本。

1ページに言いたいことがいくつもアウトプットされているものでは「言いたいことがまとまっていない」「要は何が言いたいの？」と、確実に指摘されます。

よくありがちなのが、ページごとに、とにかくいろいろな情報が詰め込まれていて、ページをめくっていくうちに「このアウトプットはいったい何を言いたんだろう？」という疑問が頭の中に広がっていくケース。

そういったアウトプットに限って、全体の流れや問題解決とは関係ない「飾りのイラスト」や「おまけのような参考資料」のほうに気を取られてしまいがちです。

マッキンゼー流ノート術では、**アウトプットを意識したブランクチャートを書くときにも、すべてのページで「ワンチャート、ワンメッセージ」を徹底すること**を心がけます。

そうすることで、アウトプット全体で見たときも「このアウトプットはこれが言いたいんだな」ということが明確になるのです。

本質的な解決策は、本来、流れるような美しさを持っています。無駄がなく、どこにもよどみがないのです。

コンサルタントの間ではよく「クリスタライゼーション（crystallization＝結晶化）」という言葉で表現されますが、本質的なメッセージは結晶化された美しさと強さを持っています。

つまり、言いたいことがシンプルで明確になっているということ。だからこそ、相手の心にすっと入り琴線に触れるのです。

もちろん最初から、そのようなメッセージができあがるわけではありません。

たとえるなら、お酒を蒸留していくように、繰り返し不純物を取り除いていく作業を経て、はじめて結晶化されたメッセージは抽出されます。まさにその作業をノートで行うのだということです。

ただし、美しさと強さを持ったメッセージというのは「見た目」のことではありません。

いくら、見た目だけ整ったアウトプットをつくることができても、それだけでは本質的にグッと人の心をつかめるものにはなりません。

真剣な「ノート思考」の結果、本当にそうすべきだと確信を持てるメッセージこそが美しさと強さを持ったものになるのです。

CHAPTER 3

マッキンゼー流
ノートで結果を出す

カオスから「ひらめき」を得る

古代ギリシアの哲学者であり、修辞学、弁論の父と称されるアリストテレス。現代ならプレゼンテーションにおいて聴衆を魅了するロジックや表現についての第一人者と言えるかもしれません。

そのアリストテレスが、人々を動かすための「勘どころ」として重要な点を3つあげています。

Logos（ロゴス）……言語や論理によって説得すること
Pathos（パトス）……聞き手の感情に訴えかけること
Ethos（エートス）……話し手の人柄で相手をひきつけること

振り返ってみると、このアリストテレスの3つの勘どころは、まさにマッキンゼーの先輩や同期たちが物事を考えるときや伝えるときに意識していた勘どころと同じなのです。

でも、普段、何も意識せずに人に話をしていると、「ロゴス、パトス、エートス」の3点をちゃんと押さえられているかどうかわからないことのほうが多いのではないでしょうか。

いくら有益なことを伝えようとしていても、それが相手の感情に響くポイントから外れていたり、そもそも相手から好意的な感情を持たれていなければ、相手を動かすことはできません。

つまり、こちらが望むような結果を得るためには、伝えようとする内容が価値を持っていることだけでなく、それが**相手に受け入れられる「勘どころ」を押さえていることがとても大事**になってくるわけです。

問題解決のためのマッキンゼー流ノート術も、さまざまな状況で「こうしましょう」という〝結果〟を相手に受け入れてもらうために、ノートを使って最適なアウトプットをつくっていきます。

当然、アリストテレスが示したように、人々を動かすための「勘どころ」を意識しながらノートを使っていくことが〝結果を生むノート〟につながります。

第1章では、問題解決のための思考ツールとしてのノート術の心構え、第2章では問題解決のステップごとの具体的なノートの使い方をお伝えしてきましたが、この第3章では、問題解決のプロがノート思考の質を高め、ワンランク上の問題解決をするために押さえているノート術の「勘どころ」をお伝えします。

ここで大事なことは、どんな「ひらめき」であっても、その源をたどっていくと、そこには必ずノート思考があるということです。

くり返しになりますが、一切手を動かさず、ノートに何も書き留めないで頭の中だけで思考しているのと、一度でも「問題解決思考」でノートに書き込んだのとでは、脳の働き方、つまり「問題解決思考の回路」の働き方が違ってきます。

だからこそ、ノートを使っていると、思いがけないかたちで「イシュー」や「仮説」についてのひらめきを得られるわけです。

ノートで思考と時間と相手を味方につける

皆さんは、普段、ノートを取る目的を意識しているでしょうか？

この本でお伝えしているように、マッキンゼー流ノート術における大きな目的は「問題解決」です。さらに「問題解決のためのノート術」をブレイクダウンしていくと、そこにはノートを取る「3つの目的」が出てきます。

まず、一つが「思考をインデックス化する（自分の思考を整理する）」という目的。二つ目は「情報や考え方を誰かと共有する」という目的。そして三つ目が「アウトプットをつくるベースにする」という目的です。

そして大事なことは、それぞれの目的に沿って、ノートを使って目的を達成する＝ノート思考の質を高め、結果を出すための「勘どころ」があるという点です。

目的1　思考をインデックス化する

自分の頭の中の思考は、そのままではカオスに近い状態です。一つの情報や思考もいろいろな体験や感情、そこで得た周辺情報などと有機的に結びついていて、必ずしも論理的な状態にはとどまっていません。

たとえば、「つい最近、すごくいいアイデアを思いついた。でも、アイデアを思いついた状況のことは覚えているのに、肝心のアイデアが思い出せない！」なんてことが、私たちにはよくあります。

そんなときも、頭で考えるだけでなくノートに向かってみると、ペンとノートが思考のタイムマシンになって断片的な思考をとりまとめ、「時間を遡って」アイデアを取り戻させてくれることも少なくありません。

そこで必要になってくるのが、**自分の頭の中の思考を手でノートに書き出すことで、目に見えるかたちに「インデックス化」するという作業**です。

現場でのヒアリングやミーティングなどで取ったメモや記憶は、時間軸的にも論理的にも、バラバラの状態になっていることが多いと思います。それらをノートにまとめるときに、きちんとインデックス化するのです。

インデックスというのは百科事典や取扱説明書などの「索引」にあたるものですが、身近なものではメールの受信箱を「仕事」「プライベート」「作業中」「作業済み」などに振り分けるフォルダをイメージしてみてください。

メールもそうですが、いろいろな情報がそのままごちゃ混ぜになっている状態では、探したい情報、思考に必要な情報を引き出してくるのが大変です。そこで、ノートを使って整理するときに「時間」や「場所」、「事実」や「意見」などのインデックスをつけることで、情報を扱いやすくし、同時に漏れやダブりがないかも確認できるというわけです。

まずは、第2章で紹介したような「Ｗｈｅｒｅ（問題の在りか）」「Ｗｈｙ（原因）」「Ｈｏｗ（対策）」や、「結論（仮説やイシュー）」「現状の事実・根拠」「解釈・意味合い」といったフレームワークで自分の頭の中の思考をインデックス化してみるのもいいでしょう。

このノート上での思考と、脳の中で行われる思考の往復活動が、断片的な思考や記憶を結びつけ、大事なアイデアや思考を取り戻させてくれるわけです。

目的2　情報や考え方を誰かと共有する

問題解決のための情報を誰かと共有するときに必要なものは何でしょうか？

たとえば、次のようなノートのメモがあったとしましょう。

［テーマ］会議の活性化について

・会議時間が長い
・会議の資料作成が負担になっている
・会議がつまらないから時間の無駄
・会議室で社内ネットワークがつながらない

ノートのメモには、こんなふうにいろいろなことが書かれていますが、その内容をそのまま誰かに共有したら「いったい、何が言いたいんだ？」と思われてしまいます。

マッキンゼーでは、すべてにおいて「**So What?（だから、何？）**」「**Why So?（それは、**

なぜ？）」というクリティカルな問い（本質に迫る深い問い）を投げかけることが習慣化されていました。

それはノートのメモを誰かと共有する場面でも同じです。文字になっている情報でも、構造化されていないものを相手にそのまま渡してしまうと、受け取った相手は理解することに余計なエネルギーを使ってしまいますよね。

そこで必要なのが〝思考の切り分け〟です。難しいことではありません。ノートに書かれた内容を「事実」と「意見」で切り分けていくのです。

事実　**「会議の資料作成が負担になっている」「会議室で社内ネットワークがつながらない」**

意見　**「会議時間が長い」「会議がつまらないから時間の無駄」**

もし、ここで「会議時間が長くてつまらないから時間の無駄」という「意見」を事実として扱ってしまうと、「会議を短縮するか、なくす方向」での議論が進んでしまうかもしれません。

ですが、それは誰かの主観的な感想や意見であって、事実ではありません。つまり、そこには会議を活性化させるという問題解決につながる本質的なイシューは存在しないわけです。

ここで「事実」のほうに注目すると、たくさんの資料を確認することに会議の時間が費やされ、社内ネットワークにもアクセスできない問題点が見えてきます。もし、社内ネットワークが会議室でも使えれば、資料は必要な場面で、その都度、アクセスしてプロジェクターなどで見れば済むかもしれないわけです。

そうすれば、資料作成の負担も減り、なおかつ会議の内容も創造的なものにすることで、「時間が長い」「つまらない」といった意見も変化させることができるかもしれません。

目的3　アウトプットをつくるベースにする

問題解決のためのノート術は、ノートに書くことが目的ではなく、問題解決を提案して具体化させるアウトプットを出すためのものです。

情報は「事実」と「意見」で切り分ける

会議が活性化していないのはなぜか？

会議の活性化について
集まった情報

- 会議時間が長い
- 会議室で社内ネットワークがつながらない
- 会議がつまらないから時間の無駄
- 会議の資料作成が負担になっている

このままでは、何が言えるのか不明

↓

事実

- 会議室で社内ネットワークがつながらない
- 会議の資料作成が負担になっている

意見

- 会議時間が長い
- 会議がつまらないから時間の無駄

集まった情報を「事実」と「意見」に分けることで問題解決の糸口をつかむ。

会議室で社内ネットワークを使えるようにして資料をその場で出せれば、準備負担が減り、会議の内容も創造的に変化できる可能性があるまた、アウトプットとは「資料にまとめたら、それでおしまい」というものではなく、そのアウトプットから問題解決に向けたアクションが取れるものになっていなければ意味がありません。

たとえば「営業の効率化を目指しましょう」という結論そのものは間違っていませんが、では、明日から何をどうすればいいのか、本当にそれをすることが成果につながるのか、というアクションと根拠が見えていなければ、単なる〝標語〟で終わってしまいます。

ノートで思考整理して思考を深めたあとは、**「これをやれば、よい結果につながる」というアクションと根拠が見える内容をノートに書けるようになっていること**が重要です。

さらにアウトプットをつくるベースとしての「ノート思考」で大事なことは、自分が言いたいことを主体にするのではなく、「相手が納得できること」を主体に考えることです。つまり「伝える」視点ではなく「伝わる」視点で考えるということです。

プレゼンテーションなどのアウトプットを見ていても、「これは、自分たちがどう説得するかしか考えてきていないんだな」と思ってしまうものがあります。そういったプレゼンのアウトプットは、「ワンチャート、ワンメッセージ」にもなっておらず、結局そこで何が言いたいのかがつかみにくい雑多なものが多いのです。

アウトプットをつくる前の段階から、常に「どんな要素のサマリーなら相手が納得できるだろう」という意識を持ってノートに向かっているかどうか。

じつは、すでにその時点でプレゼンが成功するかどうかが決まっているのです。

相手を説得するアウトプットをつくるためには、相手から見て「主張がよくわかる」「主張に興味がある」「主張が的を外していない」という状態になっていなければなりません。そのためにマッキンゼーの同期がやっていたのが「ＰＴＩの視点」を使ってアウトプットをまとめることでした。

Ｐとは「person(伝えたい相手)」、Ｔとは「timing(伝えるタイミング)」、Ｉとは「interest(相手の興味関心)」を意識してアウトプットをまとめるということです。

誰に、どんなタイミングで何を伝えるのがベストか。このことを最初から常に考えつつ、アウトプットに向けて問題解決のストーリーラインを調整していけば、プレゼンをしたあとで「こんな反応のはずではなかったのに」という失敗を避けることができるのです。

思考トレーニングは「手」で行う

第三者に向けたアウトプットをつくるために、問題解決全体のストーリーライン（起承転結）を考えてノートを使うことが大切だということをお話ししました。

普通に「とりあえず」ノートを取ることとの最大の違いはここです。ストーリーラインを考えながらノートを使うことは、ただノートを取ることでは使わない回路を開いていくことにつながります。

ストーリーラインのゴールである**エンドプロダクトを意識してノートを取るために、目の前のことだけではなく、問題解決全体をイメージして思考を深掘りしている状態**になっているのです。

このときの脳は、すでに述べたように、「体で覚える記憶」の回路が非常に活性化されている状態です。そのため、たとえば単に「120％アップが目標」と口で言うよりも、アウトプットするときのチャートで「120％アップ」とノートに描くほうが、脳のフックとなって、そこから問題解決に向けた全体の作業図が立ち上がりやすくなるのです。

マッキンゼーの優秀な先輩たちと話していると、みんな一様に、脳の中にこうした「ノート思考」の回路ができあがっているなぁと感じます。問題解決のために手を動かすことが習慣化されていることで、その場にノートがなくても問題を構造化でき、常にアウトプット志向で物事を整理できているからです。

よく「思考トレーニングが大事」ということを言われますが、じつは、思考トレーニングとは頭の中だけで行うのではなく、アウトプットを意識してノートを使って手を動かすことと考えることがセットなのです。

「行動の死角」をノートで洗い出す

ノートを使った思考整理は問題解決のためにとても重要なのですが、じつは、それと同じくらい重要なのが、問題解決のために自分たちの「行動を整理」することです。

たとえば、皆さんが自分の一日の行動を30分単位で「具体的に何をしていたか」正確に振り返ることができるでしょうか？

数時間単位で、ざっくりと「9時から10時まで会議で、10時から11時半ごろまでデスクワークしながら、途中でお客さんからのメールに対応したり、社内の他の部署に質問を投げたりして、お昼にミーティングしながらランチを食べて、午後はお客さんを訪問して、それから……」という感じで振り返るということはできるかもしれません。

でも、その「ざっくりとした振り返り」から、自分の時間の使い方と行動のどこをどう改善すれば、もっと効率化できて成果が上がるのかという「よい仮説」を立てることができるかというと疑問です。

ここから何が言えるかというと、**「具体的に見えていないものは、改善することが難しい」**という問題解決の本質です。

つまり、ノートに情報を書いていくという行為は、そのままだと漠然と流れていってしまうものを、具体的につかめるようにマッピングしていくこと。

自分の行動も最低30分単位で可能なら15分単位ぐらいまで細かく「見える化」することが、具体的な問題点から改善のための仮説を立てるための勘どころになります。そうして浮かび上がった自分の行動をノートにマッピングすることによって、「これとこれは一緒に処理できるかもしれない」というような具体的な仮説が立てられるわけです。

自分の行動の死角が見つかると、「本質的な解決策」を早く発見することができます。自分の一日の時間の使い方が悪いという漠然とした認識だけでは、何が時間をうまく使えていない「真の問題」なのかを見極めることができません。

また、仮説も「仮説と検証」をセットでくり返すことで、より精度の高い仮説につなげていくことができます。そのときに、正確にノートテイキングされたものが何もないと、当てずっぽうで「仮説と検証」をするしかありません。

たとえば、単に自分の感覚だけで「商談時間が長すぎるから一日の効率が悪い」という仮説を立てたとしても、本来なら自分が処理しなくてもいいことまで社内でやってしまっていることで、商談にかける準備が不十分になり、そのため顧客からの質問や疑問に対応する時間が長くなっているだけかもしれません。

そうすると「真の問題」は、顧客との商談時間ではなく「社内での作業と時間の使い方」にあるかもしれないわけです。

ノートを使って、きちんと情報整理、思考整理された状態にすることで「よい仮説」が

ノートにマッピングして仮説を立てる例

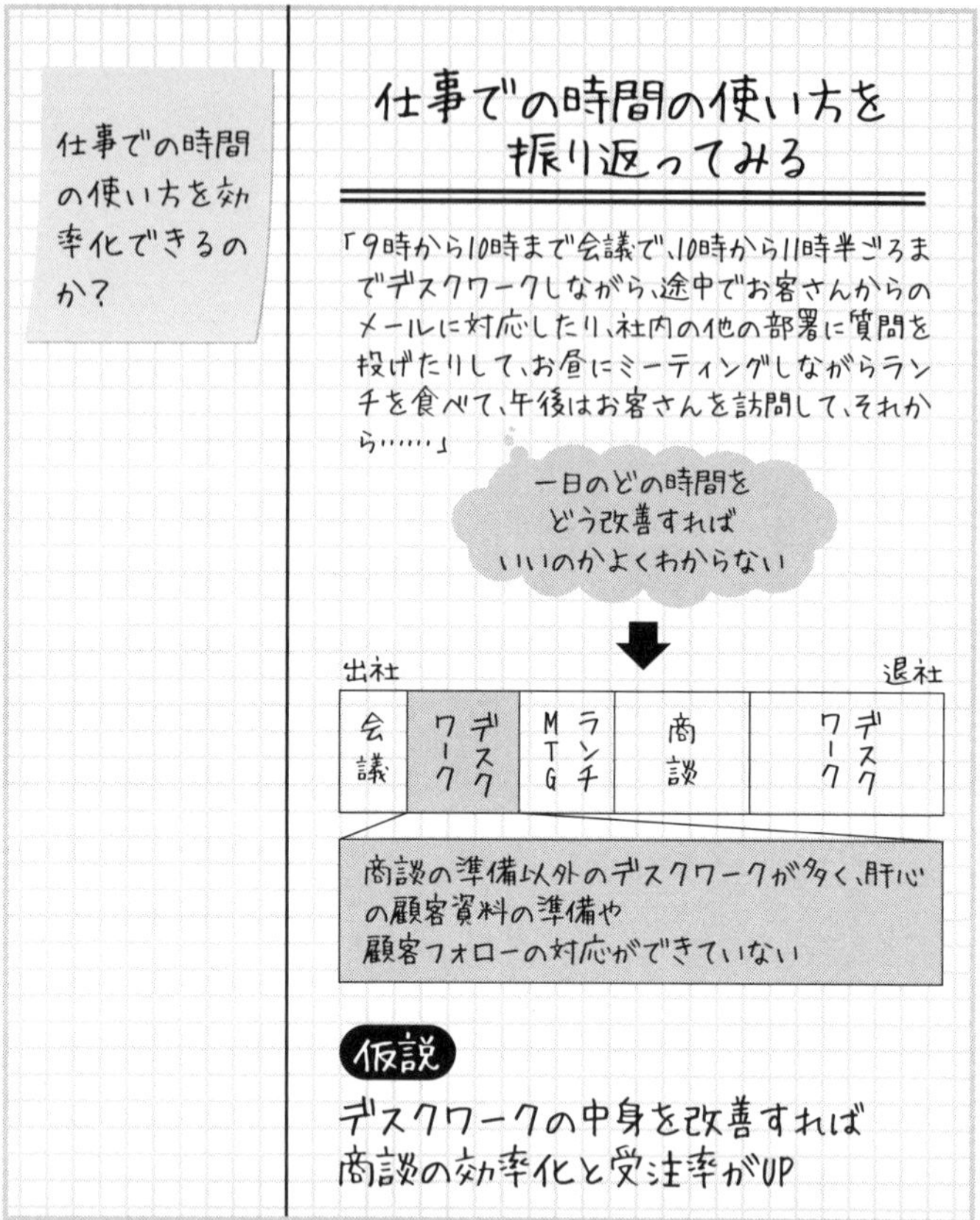
仕事での時間の使い方を効率化できるのか？
仕事での時間の使い方を振り返ってみる
「9時から10時まで会議で、10時から11時半ごろまでデスクワークしながら、途中でお客さんからのメールに対応したり、社内の他の部署に質問を投げたりして、お昼にミーティングしながらランチを食べて、午後はお客さんを訪問して、それから……」
一日のどの時間をどう改善すればいいのかよくわからない
出社
退社
会議
デスクワーク
MTG ランチ
商談
デスクワーク
商談の準備以外のデスクワークが多く、肝心の顧客資料の準備や顧客フォローの対応ができていない
仮説
デスクワークの中身を改善すれば商談の効率化と受注率がUP

マッピングすることで具体的な問題点と改善のための仮説が見えてくる

立ち上がってきて、本質的な問題改善ができるのです。

思考を明確にするための「3つの図解」

ノートを使って思考を整理し、思考を深めていくときにフレームワーク（思考整理を助けるツール）として、さまざまな「図解」を使うのですが、じつは思考を明確にするために使う図解の種類はそれほど多くなく、しかも難しい図解を使う必要もありません。

マッキンゼーにはフレームワークを集めたパッケージがあり、私も新人時代、それを徹底的に読み込み、覚え込みました。フレームワークのパッケージを見ながら、さまざまな情報をフレームワークを使ってノートにまとめてみることから始めたのです。

何度も消したり書いたりしながらノートで手を動かしていくうちに、次第にフレームワークが身体にしみ込んでいき、使いこなせるようになったのです。「この情報整理には、あのフレームワーク」と、自然に出てくるようになったのです。

私の経験上、思考を明確にするのに役立つ図解は、主に「グルーピング」「マトリクス」「ビジネスシステム」の3つです。

図解1　グルーピング

これはもっともシンプルでよく使う図解です。この本でも、「矢印思考」「空➡雨➡傘」など、随所で使われていますが、思考整理の基本。「ボックス・アンド・アロー」とも呼ばれています。

「So What?（だから、何?）」「Why So?（それは、なぜ?）」といった、因果関係を明らかにしていくときにも、このシンプルな「矢印」が自分の思考を目に見えてクッキリとさせてくれます。

このグルーピングは、人間の脳の情報整理や思考整理の仕組みとも通じる部分が多いので、日頃から意識して使ってみるのがお勧めです。

たとえば、わかりやすい例をあげるとスーパーマーケットに食材を買いに行くときにも、フワッとした思考のまま出かけると、目についたものを買って、あとから肝心な食材を買い忘れたなんてことも起こりがち。そこで、紙に「野菜」「魚」「肉類」「調味料」というようなグルーピングをして、必要な食材の情報を整理することで、自分の思考がグループ分けされた箱にスポッと納まり、買い物の漏れや無駄がなくなります。

図解2　マトリクス

マッキンゼーでは、いろいろな問題について議論するときに「軸は何だ？」という問いが頻繁に出てきます。ここでいう「軸」とは「切り口」のこと。

たとえば、自分の時間の使い方が悪く、やるべきことができていないという問題を解決したいとします。そのときに、自分がやるべきことを「重要／重要でない」「緊急／緊急でない」という2つの軸の切り口でポジショニングして、分類していくことで、緊急かつ重要なものを見分けて取りかかれるようにするわけです。

「マトリクス（Matrix）」とは、「行列」のことですが、元をたどると何かを生み出す「母体」や「基盤」という意味も持ち合わせている言葉です。

マトリクスでは何を軸にするかによって、それまで見えていなかったものが見えてくるのでとても便利です。

重要なのはマトリクスの軸をどのような切り口で設定するかです。コンサルタントは新しい切り口を見つけるためにひたすらノートと向き合い格闘します。

つまり、マトリクスの図解を使うことで、問題解決に向けたイシュー（もっとも重要な課題）などを生み出すこともできるのです。

図解3　ビジネスシステム

ビジネスシステムとは、ある物事を行ううえで必要な要素を機能別に分けて、連続した「流れにまとめた」ものです。

企業が新しいサービスや製品を世の中に出すときにも、リサーチから始まり、開発、マーケティング、営業、プロモーション、フォローなどを行っていきますが、それぞれの要素は、必ず、最終的なゴール（顧客満足や売り上げ目標達成など）に向かって連続して流れていなければいけません。

思考を明確にする「3つの図解」

●グルーピング

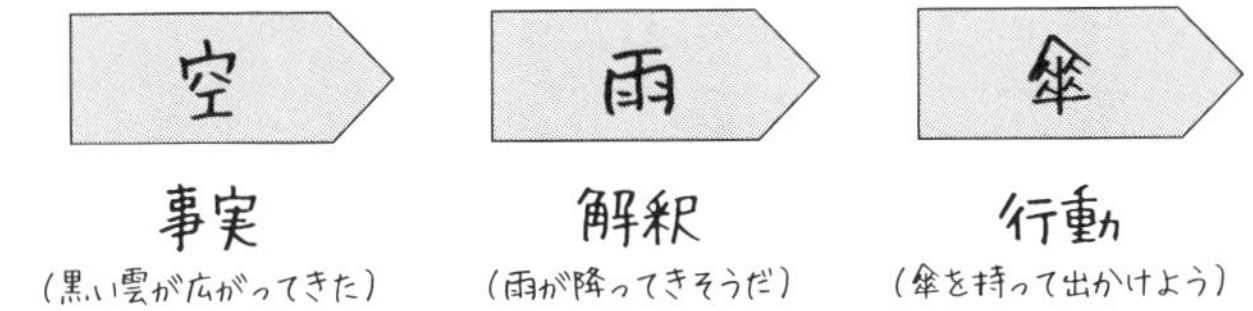
空
雨
傘
事実
（黒い雲が広がってきた）
解釈
（雨が降ってきそうだ）
行動
（傘を持って出かけよう）

●マトリクス

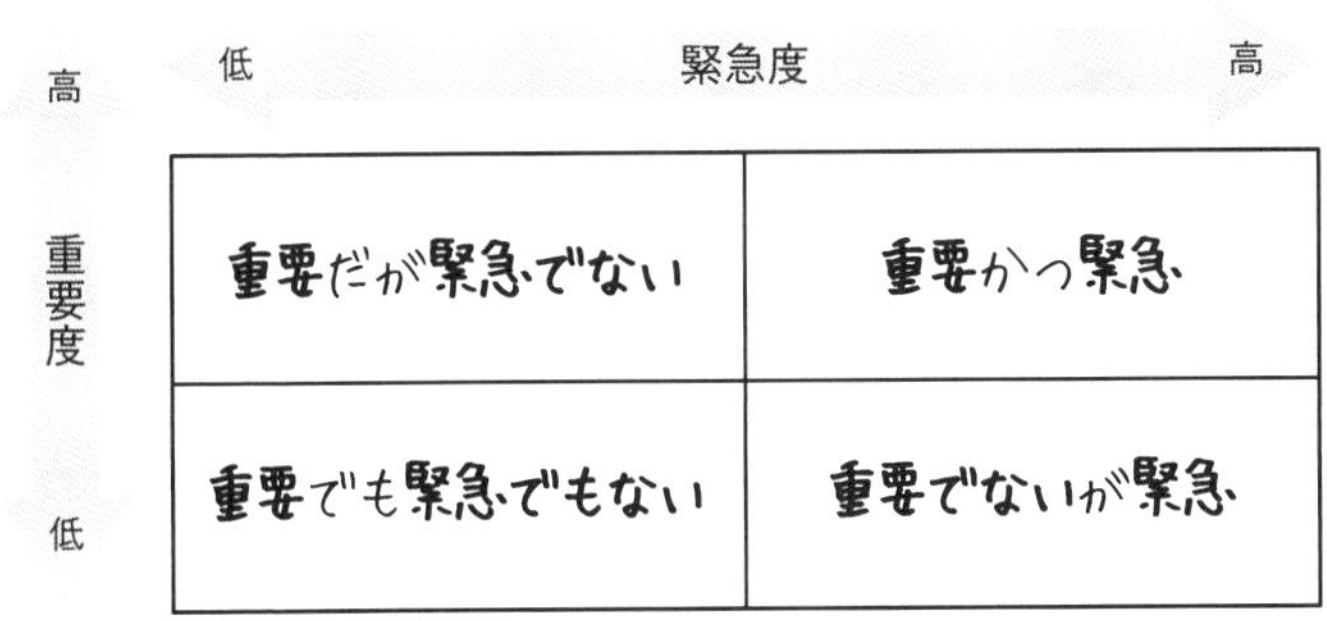
低
緊急度
高
高
重要度
低
重要だが緊急でない
重要かつ緊急
重要でも緊急でもない
重要でないが緊急

●ビジネスシステム

顧客訪問
課題解決
提案
受注
フォロー

ビジネスのゴールに向けて必要な機能を連続した流れで考え、
それぞれの機能ごとの要素を洗い出す

どれか一つの要素でも、そこで流れが止まっていたり、違う方向に行っていると、ビジネス全体のゴールにたどり着かないからです。

このビジネスシステムも、**問題解決において「本質的に重要な課題」を明確化するため**に使うことができます。

たとえば、自社の営業部門の顧客からの評価が良くないという状況があったとします。

そのときに、自社の営業部門の通常「あるべき姿」をビジネスシステムの流れで書き出してみます。

- **自社商品の強み・セールポイントを明確にする（研究開発）**
- **自分たちの営業体制や営業システムを明確にする（商品企画）**
- **自社商品を活用してもらえる顧客候補のリサーチをする（マーケティング）**
- **提案書や企画書を作成する（営業企画・プロモーション）**
- **顧客候補希望に営業を仕掛ける（営業）**
- **顧客の課題や要望を聞く（受注活動）**

・受注に向けたフォローを行う（顧客サービス）

とにかく受注が欲しいということだけを優先して動いていると、本来、流れでステップを踏んでいくべき要素のどれかが抜けていたり、なおざりになっていたりするものです。そのために、たとえば、顧客候補企業に営業活動を行うところまではできていても、「顧客の課題や要望を聞く」というステップが弱いために、顧客からの評価が低くなっているという可能性が見えてくるわけです。

ビジネスシステムを使ってノート上で問題点を切り分けて、対処法を検討し実行するときには、ちょっとしたコツがあります。

問題が生じているステップだけで改善を考えるのではなく、その前のステップに戻って、そこでのやるべき要素も改善するのです。先ほどの例で言えば、「顧客の課題や要望を聞く」というステップだけで改善を考えて、「何か課題や要望はありますか？」という質問をしても相手からは「自分たちの商品を売ることが前提になっている」「こちらの事情を知らないいんだな」と、あまりいい取られ方をしないかもしれませんよね。

そうならないために、さらに前のステップまで戻って、「自社商品を活用してもらえる顧客候補のリサーチをする」という段階で、顧客の抱えている課題をしっかり探り「こんな課題があると伺っていますが、その課題について少し詳しく伺えますか？」というアプローチをすれば、相手とベクトルを合わせやすくなるわけです。

最初は簡単なグルーピングからやってみる

思考を明確にするためのフレームワークとして「グルーピング」「マトリクス」「ビジネスシステム」の3つをご紹介しましたが、その中でもフレームワークを使った思考に慣れるために使いやすいのは「グルーピング」です。

仮説やイシューを立てるために、ノートを使って集めた情報をグルーピングするとき、最初から「空・雨・傘」のロジックを使って「事実➡解釈➡行動」へ落とし込むことを意識してやるのが難しいという人もいると思います。

そういった人も、比較的ベーシックな「グルーピング」を使ってノートで手を動かしているうちにフレームワークの便利さに気づくことができるのでお勧めです。

フレームワークというとプレゼン資料などのアウトプットの中で使うものというイメージがあるかもしれませんが、**本来、フレームワークは人に見せるものというよりも、自分の思考を助けるためのもの**。何も使わずに思考したときには掘り出せなかったような、インサイト（深い洞察）を導き出してくれる思考ツールです。

ただし、フレームワークの特性として、頭の中だけで使いこなすのは難しい場合もあるので、こうしてノートで思考整理をするときなどに手を動かしながら使うと、ちょうどいいのです。

たとえばグルーピングのための**「3C」**と呼ばれるフレームワークがあります。

3Cとは「Company：自社」「Customer：顧客」「Competitor：競合」のCで始まる3つの要素の頭文字を取ったものですが、問題が置かれている状況を客観的に把握するのに簡単で便利なツールです。

3Cフレームワーク

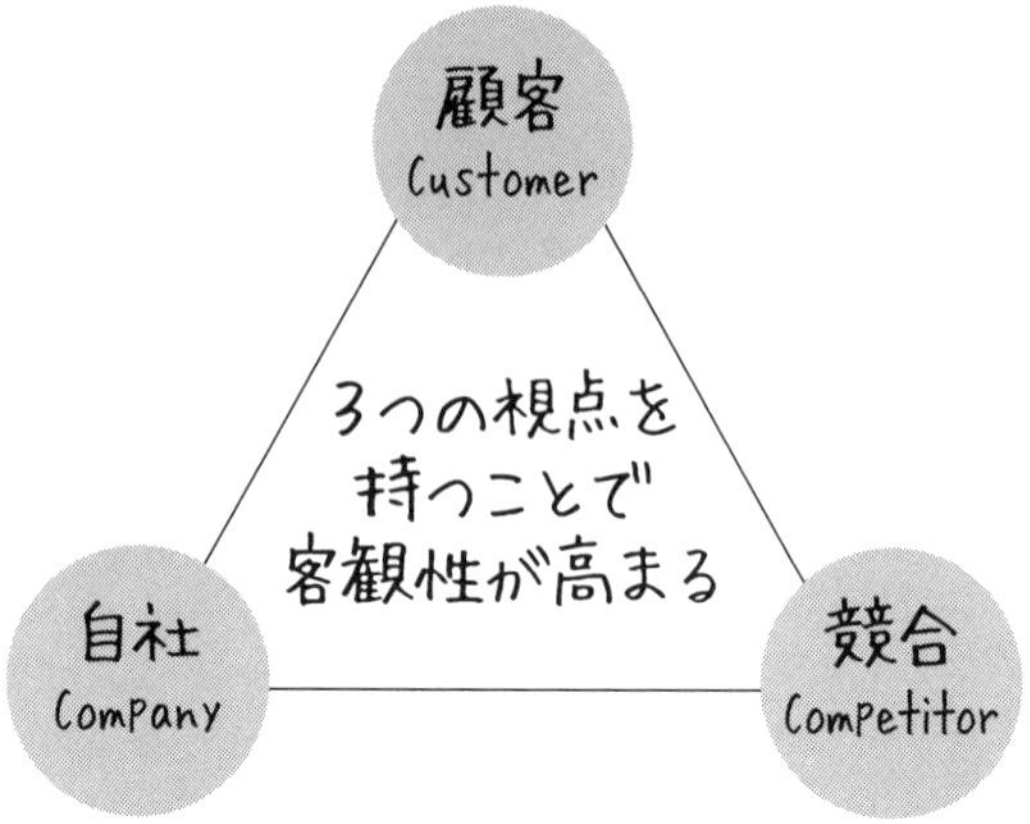
顧客
Customer
3つの視点を
持つことで
客観性が高まる
自社
Company
競合
Competitor

マッキンゼー発祥とされるこのフレームワークは、サービスや商品をどう売るかという課題を明確にするときに使い勝手のいいフレームワーク。初めての人でも使いやすいでしょう。

私たちは、どうしても、**集めた情報から仮説を立てるときに、自分たちに有利なように都合のいいものの見方をしてしまいがち**です。

市場分析をする場合でも、自社の強みを過大評価して「もっと売れるはずだろう」と考えたりするのですが、そこには顧客の都合や市場の変化など、さまざまな要因が関わってくるので、自分たちの強みも絶対評価されるものではなく相対的なものとして考えないといけないわけです。

そのときに「3C」のフレームワークを使うことで、自社の強みだけを強く打ち出すのではなく、顧客や市場の都合なども把握し、そのうえで自分たちがどうすべきか、客観的で合理性のある行動を決めることができます。

この3つの項目に集めた情報をグルーピングして、そのグルーピングした情報から何が言えるのか、その情報の意味するところ、つまり意味合いを考えてみるといいのです。これは「3C」のフレームワークを使ったサマリーノートとも言えます。

転職活動をするためのノート

では、実際に「3C」のフレームワークを使って思考整理をしてみましょう。

たとえば、転職活動を考えているときに、自分の持っている情報や置かれている状況を整理して客観的な方向性を出したい場合。「3C」のフレームワークを使ってノートでグルーピングをしながら、転職希望の企業に対して、自分のどんな強みをどのようにアピールしていくのが効果的なのかという「仮説」と「イシュー」を立ててみましょう。

このときの作業のポイントは、時間をあまりかけないでやることとです。時間を10分なら10分と決めてやってみます。

え、そんな大事なことなのに時間をかけてじっくり考えないでいいの？と思われるかもしれませんが、人間は何かの制限があったほうが、逆にその時間内で集中して思考できるものです。

さらに言えば、自分の強みや置かれている状況に関して「パッ」と出てこないもの、ひねり出さなければならないものなら、それは強みとは言えないものだからです。

【テーマ】転職活動で自分の強みをどう打ち出すべきか

自社：Company ➡自分のこと

・IT業界での営業経験が長い
・新規ビジネス立ち上げに関わる案件の経験が豊富
・顧客と長く付き合って信頼関係を構築するのが得意
・社外でも業種を超えた同世代の勉強会を主宰している

顧客：Customer ⬇転職希望先の会社

・中堅老舗メーカーのＩＴ部門

・これまでのノウハウを生かして、グローバルでＢｔｏＢの協業を行いビジネスを拡大

・これまで外部に委託していた仕事を内製化に転換

競合：Competitor ⬇同じ転職希望のライバル

・中途採用よりも新卒採用者が多い

自分の情報や置かれている状況を「３Ｃ」のフレームワークでグルーピングしてみると、こんなふうになりました。

ここで皆さんは、何か気づいたことはないでしょうか？

転職活動で自分の強みをどう打ち出すべきかというテーマに対して、グルーピングできた情報に偏りがあるということです。どうしても「自分のこと」に関する情報は、たくさん出てくるわけですが、顧客や競合、つまり転職希望先やライバルたちの情報は少なくなっていますよね。

頭の中だけで考えているときには、なかなか、そうした傾向が見えなかったものが、こうやって**ノートに書き出し、自分の手を動かしてみると「分析が足りない」ことに気づく**のです。

この「気づき」こそが大切であり、ノートを使う意義です。その作業をやらずに履歴書や職務経歴書を出す、面接に臨むというアウトプットをしてしまうと、望んでいるような結果につなげることが難しくなります。

つまり、この場合の問題＝転職先企業に採用されるにはどうすればいいか？を解決することができないことになるわけです。

このケースであれば、転職希望先やライバルの情報をさらに調べて分析していくと、転職希望先の会社は「ＢｔｏＢの協業」をさらにシステム化して、案件のマッチング精度を高めていきたいという考えを持っていることが業界紙の記事でわかりました。

さらに、新卒採用が増えたのはここ数年で、社内の年齢構成に偏りがあり、若手とベテランをつなぐ30代の層が薄いことも判明。そこで、もし転職希望を考えている人が30代な

3Cで分析した転職ノートの例

転職活動で
自分の強みを
どう打ち出す
べきか？

自社：Company
→自分のこと

・IT業界での営業経験が長い
・新規ビジネス立ち上げに関わる案件の経験が豊富
・顧客と長く付き合って信頼関係を構築するのが得意
・社外でも業種を超えた同世代の勉強会を主宰している

顧客：Customer
→転職希望先の会社

・中堅老舗メーカーのIT部門
・これまでのノウハウを生かして、グローバルでBtoBの協業を行いビジネスを拡大
・これまで外部に委託していた仕事を内製化に転換

競合：Competitor
→同じ転職希望のライバル

・中途採用よりも新卒採用者が多い

競合（転職のライバル）に関する情報が少ないため、顧客（転職希望先）に対して自分の強みをどう打ち出すか、まだ検討の余地あり

ら、まさにピッタリなので真剣に活動を進めようとなりますし、年齢がゾーンから離れていれば、他の企業を検討したり、その弱みをカバーするような強みをさらに打ち出していくということも考えられるでしょう。

転職活動に限らず、何かの行動を起こす前にノートで自分の強みや足りないものを思考整理する作業はとても重要。そのときに、何も持たずに白紙のノートに向かうのではなく、「3C」のような扱いやすいフレームワークを思考ツールとして使ってみることをお勧めします。

たとえば、自分のブランディング戦略やイメージ戦略を考えたいときにも、まずこの「3C」のフレームワークで分析してみると、ブランディングやイメージ戦略の方向性が明確になります。この分析をすることで自分の人生やキャリアの振り返りにもなります。

ミーティングはチャートに始まりチャートに終わる

マッキンゼーではプロジェクトにおいて上司であるマネージャーとのミーティングでも、「ノート思考」は欠かせませんでした。

プロジェクトミーティングといっても会話だけで進めるのではありません。**必ずチャートを使ったミーティングノートをつくりながら参加者がお互いに思考を深めていく**のです。

たとえば、ブランクチャート（必要な情報や数字が入っていない状態の図解）を使い、問題解決の全体像を示しながら、ゴールに向けてのプロセスで全員が何を行っていくのか、その中で各個人が何をするのか、その意味合いはどういうものなのかを確実に共有しながらミーティングを行います。

ここでのポイントはブランクチャートをみんなで見る＝みんなで同じ方向に思考を向けるということです。

プロジェクトを遂行するには、参加者のベクトル合わせや目線合わせが重要だということは、多くの人がわかっています。しかし、実際にベクトルや目線をどうやって合わせていくかというと、「号令」をかけたり、「こういう方向性」とか「○○の活性化」という抽象的な言葉だけで行われていることも少なくありません。

そうしたやり方も必要だと思いますが、それだけでは本当に参加者みんなが同じベクトルにセットされているかどうか疑問です。

だからこそ、プロジェクトという〝チームの思考の場〟においても、「ノート思考」を用いることが大切。ブランクチャートなどで手を動かしながら、みんなが同じベクトルで思考整理と思考の深掘りを行うことで、各メンバーの知恵を引き出し有機的につなげて活用することのできる「チーム脳」をつくり出し、問題解決がよりパワフルになっていくことができるのです。

矢印思考ノートをつくってみる

問題解決のための効果的な「ノート思考」の一つに「矢印思考ノート術」があります。マッキンゼーの上司や先輩のノートの取り方や彼らとのミーティングノートをヒントに考えたノート思考術です。

問題解決のための「ノート思考」で思考を鍛えるという作業は、言い換えると**物事の「因果関係」をきちんと見極められるようになること**です。

「因果関係」とともによく使われる言葉に「相関関係」がありますが、この2つの言葉はそれぞれ意味合いが違うものなので注意しなければいけません。

ビジネスや問題解決の現場でも、この2つはよく混同して使われているのですが、違いをあらわすとこういうことになります。

因果関係……結果に対して直接の要因となっている「原因と結果」の関係

相関関係……結果に対して、要因の一つにはなっているが、直接の「原因と結果」ではない関係

たとえば「雨の日は電車が遅れやすい」というテーマを考えてみましょう。

雨の日に電車が遅れやすいという状況から、考えられる要素をノートに書き出してみます。

1 「雨の日は電車のスピードが出せない」
2 「雨の日は乗客が増える」
3 「雨の日は傘などの荷物が増えて電車に乗りにくい」
4 「雨の日はホームを走れないので電車に乗り遅れる人が多い」

さて、こうして要素を書き出してみましたが、この中から「これが電車の遅れる原因だ！これを改善すればいい」というイシューは見つけ出せるでしょうか？

ちょっと難しいですよね。そこで、ここからは「So What?（だから、何？）」「Why

So?（それは、なぜ?）」という視点に切り替えてみます。ノートに書き出した要素に対して「矢印」を使って、「So What?（だから、何?）」「Why So?（それは、なぜ?）」という問いを投げかけていくのです。

「雨の日は電車のスピードが出せない」という要素に「問い」を投げかけてみます。

1　「雨の日は電車のスピードが出せない」⬇「So What?（だから、何?）」⬇「いつもより到着に時間がかかっている」⬇「Why So?（それは、なぜ?）」⬇「乗客が多いからスピードが出ないのかも」

これでは、自分がそのように感じているというだけで、直接の「原因と結果」につながりそうにはありません。つまり、「雨の日は電車が遅れやすい」という状況に対して「雨の日は電車のスピードが出せない」というのは、相関関係にはありますが、因果関係とは言えないわけです。

実際、大雨などで速度規制が出されることもありますが、通常の雨では、電車そのものは本来の決まったスピードを出せるものです。つまり、電車そのものがスピードを出せないから遅れるのではなく、他の要因のために列車ダイヤが乱れているわけです。

「So What?（だから、何?）」「Why So?（それは、なぜ?）」という問いの矢印を立てていって、どこかで行き詰まるということは、そこには問題解決につながる「イシュー」や「仮説」は立ち上がってこないことがわかります。

それでは「雨の日は乗客が増える」という要素はどうでしょうか。

2 「雨の日は乗客が増える」⬇「Why So?（それは、なぜ?）」⬇「遅れを見越した乗客が前倒しで増える」⬇「So What?（だから、何?）」⬇「雨の日は乗客が増えるうえに傘などの荷物が増えて乗り降りに時間がかかる」⬇「So What?（だから、何?）」⬇「乗客の乗り降りに時間がかかることで電車の遅れが発生している」

この場合は、矢印でつないでいった要素がどれも互いに相関し合っていて、さらに「雨の日は電車が遅れやすい」という状況の直接の「原因と結果」につながっていることがわ

矢印思考ノートの例

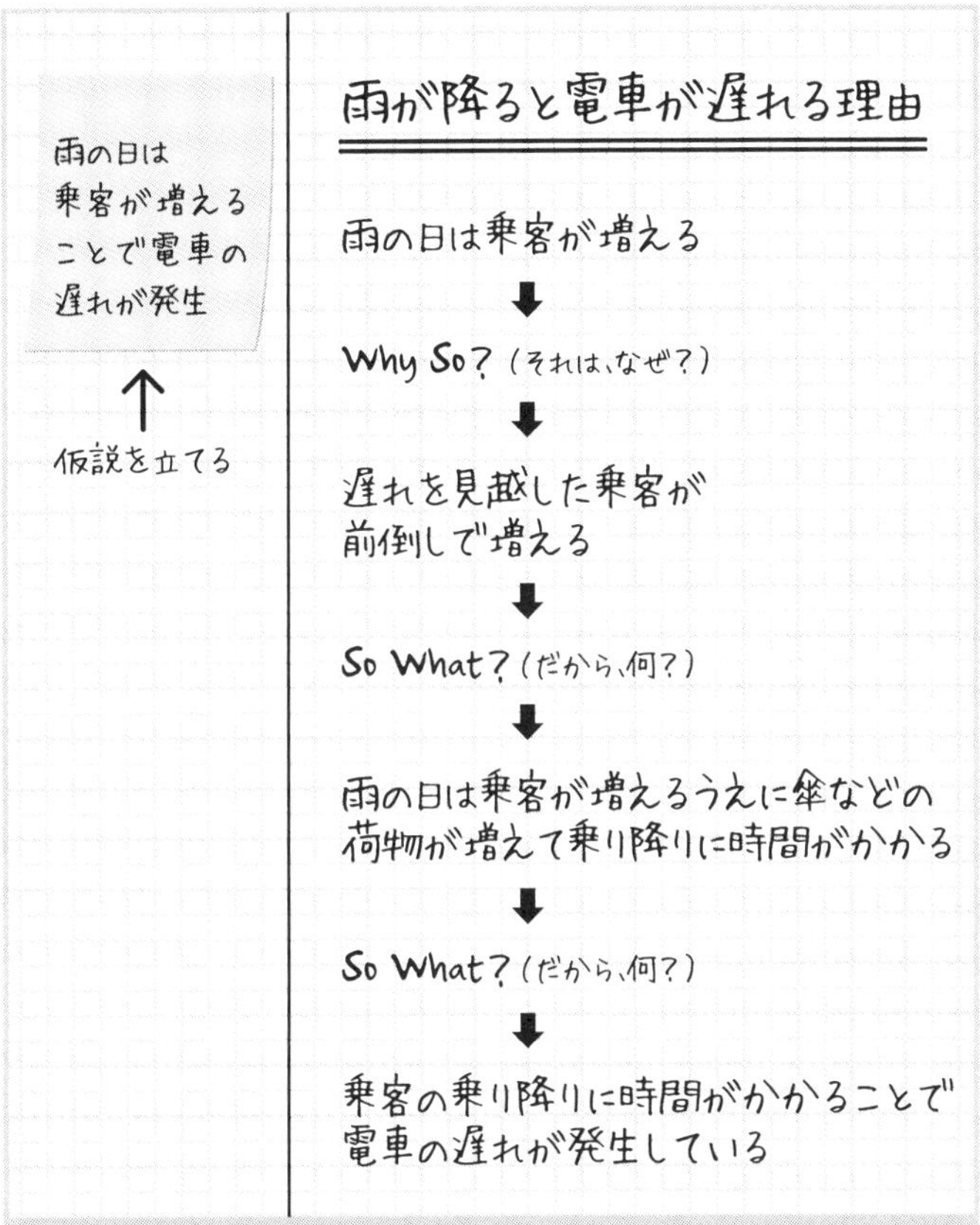
雨の日は乗客が増えることで電車の遅れが発生
仮説を立てる
雨が降ると電車が遅れる理由
雨の日は乗客が増える
Why So?（それは、なぜ？）
遅れを見越した乗客が前倒しで増える
So What?（だから、何？）
雨の日は乗客が増えるうえに傘などの荷物が増えて乗り降りに時間がかかる
So What?（だから、何？）
乗客の乗り降りに時間がかかることで電車の遅れが発生している

矢印でSo What? Why So? とつないでいき論理が破たんしないことがポイント!

かります。

矢印思考ノートは単純ですが、問題解決に必要不可欠な「思考を深掘り」して、「仮説」と「イシュー」を見つけ出すことに使えるものです。大きなプロジェクトなどではない、身近な問題解決にはぜひ「矢印思考ノート」をつくってみてください。

皆さんの中には、ここで紹介したものに類似するようなノートの使い方をこれまで「無意識」にやっていたという人もいるかもしれません。

そうであれば、そこにプラスして「問題解決のこのプロセスでは、このノート術を使ってみよう」と、問題解決のプロセスを意識して、ノート術をバージョンアップしてみてください。

たとえば、ノートに書き出したものを矢印でつないでいくことをすでにやっているのであれば、「So What?（だから、何？）」「Why So?（それは、なぜ？）」という因果関係を意識しながら矢印をノートに記していくことで、なんとなく矢印をつなげているだけのときよりも、格段に思考がシャープになることでしょう。

脳が受け入れやすいノートを死守

ここに、2冊のノートがあるとします（173頁参照）。書かれている内容は同じ。一つは、ノートを目いっぱい使ったもの。もう一つは余白を残して書いているもの。

さて、皆さんはどちらのノートのほうが、自分の思考にスッと入ってくるでしょう。おそらく、ほとんどの方が「余白のあるノート」のほうが、自然に感じるのではないでしょうか。

でも、よく考えてみればどちらも内容は同じなのですから、受け取る情報も同じはず。それなのに、なぜか「脳」が受け入れやすいノートと、抵抗を感じてしまうノートがあるのです。

マッキンゼーのある先輩は、この現象について、日本人の「間の感覚」とも関係しているのではないか？という面白い問いを立てていました。

日本人の美意識の中に「余白の美」があると言われています。これは、西洋の美意識が具体的に目に見えるものに向けられるのに対して、日本人は「そこに、ないもの」「時間」などに対しても独自の美を感じることともつながっています。

たとえば、京都の「龍安寺の石庭」などで有名な〝枯山水〟という日本庭園の様式があります。

これは、実際には「水」がないのに、砂や小石を水に見立てて、さらに石の紋様などで川の流れをあらわしたりしながら、さもそこに美しい水の流れと自然があるかのように観るものを楽しませてくれるものです。

こうした美意識は日本人には、なんとなく馴染みがあって心がやすらぎ、しかも眺めていると思考が深まるように感じられるものです。

じつは、ノートもそれと似ていて、あえて**余白の美があることで、書かれている情報を受け取りながらも、そこからさらに探求していけるように脳が刺激を受ける**のです。これが、もし余白なしにギッシリと文字で埋め尽くされていたら、脳はその情報を読み解くことだけに追われてしまい、そうした思考を深めるためには働かないかもしれません。

彼らの美しく輝く資料に共通するのは、一枚一枚の資料の中に「余白」があること。そ

「ぎっしりノート」と「余白ノート」の例

思考を刺激されるのはどっち？

日本人の美意識の中に「余白の美」があると言われている。これは、西洋の美意識が具体的に目に見えるものに向けられるのに対して、日本人は「そこに、ないもの」「時間」などに対しても独自の美を感じることともつながっている。たとえば、京都の「龍安寺の石庭」などで有名な"枯山水"という日本庭園の様式がある。こうした美意識は日本人には、なんとなく馴染みがあって心がやすらぎ、しかも眺めていると思考が深まるように感じられるものだ。

- 日本人の美意識には「余白の美」があると言われている。
- 日本人は「そこに、ないもの」「時間」などに対しても独自の美を感じることができる。
- 京都の「龍安寺の石庭」などで有名な"枯山水"という日本庭園の様式も日本人には心がやすらぐものである。
- 「余白の美」を眺めていると思考が深まるように感じられるものだ。

して何を伝えたいのかが明確に伝わってくることです。

そういった意味でもノートの余白はとても大事。余白は単にメモを取るために空けておくのではないのです。

この習慣は新人のころ叩き込まれたので、今でもノートを書いたり、チャートノートをつくるときにも習慣になっています。マッキンゼーの卒業生がつくった資料は輝いて際立っているなぁと感じることが多いのですが、余白を意識するノート術の習慣によるところも大きいと思っています。

ノートはいつまで保存すべきか問題

ノートについて話をしていると、必ず話題になることの一つに「ノートはいつまで保存すべきか」というものがあります。

私も、よくたずねられるのですが、正解はとくにありません。

自分自身が、ノートを「捨てる派」か「保存する派」なのかによります。マッキンゼーでも感覚的には半々ぐらいでした。

ちなみに、私は、基本的に思考整理に使ったノートは捨てる派です。なぜなら、問題解決のための思考ノートなので、案件が終わったあとアウトプットがあれば、もう実質的に使う機会がないからです。

ある程度、問題解決の経験を積むと、問題と接するのと同時に頭の中に「ノート思考」が常に展開されるようにもなるので、過去のノートがなくても、いろいろなケースに応じて、そのときに必要な「思考整理ツール」が立ち上がってくるからということもあります。

もちろん、自分の思考整理をしたノートを保存しておいて、見返すという作業も無駄ではありません。とくに、問題解決のパターンをたくさん経験している途中には、過去のノートを見返すことで、現在の問題解決に応用できるヒントが見つかる場合もあると思います。

「問題解決のためのノート術」において大事なのは、ノートを保存する・しないということとではなく、**ノートを使って手を動かしているときに、どれだけ思考をダイナミックにできるか**ということです。

あるマッキンゼーの先輩のケースです。

自分の立てた仮説を検証するために、ユーザーインタビューを行ったのですが、同じ質問をもとに100人にインタビューした中で、最初の3、4人の時点ですでに「仮説が正しい」ことがわかったといいます。

たしかに、すごく優秀な先輩だったのですが、なぜそんなことがわかるのでしょうか。彼はインタビューするときに、相手の発する言葉だけでなく、相手の目の輝きや動き、言葉の調子、仕草など「相手の反応」をすごく気にして見ていたのです。そして、同じ質問に対して、同じような「反応」があることに気づいたわけです。

だからこそ、こちらが投げかけた仮説の問いに対するインタビュー相手の言葉が「本当なのかどうか」という点を重視していました。相手からの言葉は「それ、いいね」という同意でも、なんとなく同意しているのか、積極的に同意しているのかで、その後の結果はまったく違ってきます。

そうやって、彼はインタビューノートに、相手の反応も書き入れ、常にノートを活性化させていました。それは、同時にノートに手を動かしている側の思考も同時にダイナミックになっているということです。

ノートにインタビューした言葉を書き込むことはしていても、ただ「記録」しているだけなのと、書き込みながら思考を働かせているノートは、まったく性質が違うものです。優れたコンサルタントのノートは常にダイナミックなものです。スタティック（変化のない）ノートではないのです。だからこそ、ノートは問題解決と常に一対一で向き合う動的なものであり、問題解決ができれば、本質的な役割は済んだといえるのかもしれません。

第2の脳を活用する

マッキンゼーでは「自分の頭で考えなさい」ということを、くり返し言われました。大前さんにも、新聞などから得た情報を話すと「本当にそうなのか？　情報を鵜呑みにするな。君はどう思うんだ？　自分の頭で考えろ」と厳しく指摘されました。

「自分の頭で考える」とは、どういうことなのか。たとえば、メディアの情報の中から、自分が「これが使えそうだ」と考えて選ぶことは、自分の頭で考えたことになるのでしょうか？

たしかに、私たちが行うすべての行為は、意識的にせよ無意識のものにせよ「自分の頭」を使っていることには違いありません。

しかし、マッキンゼーで言う「自分の頭で考える」というのは、ちょっと次元が異なるのです。

情報一つとっても、新聞などのメディアの情報は、誰かが編集を行った「二次情報」です。いわば「伝聞」にすぎません。**本当の情報というのは、自分で直接、その現場に足を運んでインタビューしたり、状況を調査することから得られる「一次情報」のこと**を指します。

そして、自分で取捨選択した「一次情報」をもとに、自分の頭で分析をして、自分なりの仮説を立て、それをさらに自分で検証することをくり返し、自分の頭で「これだ！」というものを見つけ出すことがマッキンゼーで言う「自分の頭で考える」なのです。

こうした思考プロセスを実践するときには、**ノートがまさに自分の「もう一つの脳」のように機能**します。

もし「自分の頭で考える」ことをしないで、二次情報だけで仮説を立てたり、検証もせずにアウトプットを出していいのならノートは必要ないでしょう。

「ここに書かれていた、これが解決策です」と言ってうまくいくのなら、ノートで思考する必要なんてなくなってしまいます。

自分の頭で考えない問題解決は、本当の問題解決とはいえません。

だからこそ、マッキンゼー流ノート術では、ノートを使って手を動かして考えるということが「自分の頭で考えた証し」になるのです。

赤字のノートをたくさんつくる

自分の頭で、本当に使える仮説やイシューを考えてノートに書き出す。あるいは成果の期待できるインタビューノートをつくる。

誰もが、それを目指していくのですが、だからといって最初からすべて完璧にできるものではありません。マッキンゼーの新人たちも同様でした。私も新人時代、脳の中に汗をかくぐらい考えに考えて書いたインタビューの目的や質問案を先輩に渡すと、必ず、その倍くらいの赤ペンの書き込みが返ってくるのです。

最初は「えっ」と思うのですが、指摘されている内容はすべて納得できるものばかり。たとえば、飲食店の利用動機に関するインタビューで「なぜ、このお店を利用していますか？」というような質問をつくると、「So What?（だから、何？）」と赤ペンで書かれるわけです。

たしかに、「なぜ、このお店を利用していますか？」という質問からは「ランチが食べたかったから」「いつも利用しているから」といった表面的な答えしか返ってきません。私たちが知りたいのは、そういう浅いものではなく「このお店の何が、真の利用要因になっているのか」という、本質的な仮説やイシューにつながるものです。

そうしたインサイト（深い洞察）を可能にするためには、相手の潜在的な嗜好や志向まできりげなく探り出せるような質問をしなければなりません。

だからこそ、新人の私たちがそこにフォーカスできるような思考にたどり着くまで、先輩が赤ペンの先生となって、ノートを真っ赤にしてくれていたわけです。

あとから考えると、そうした「問い」を自分に向けてくれた先輩たちのおかげで、私たちはすごく成長させてもらいました。

もし、身近に「この人はノート思考の参考になる」という人がいれば、その人に、大事な場面で、自分のつくったノートを見てもらうのもいいかもしれません。

自分のノートを誰かにチェックしてもらうなんて、と抵抗があるかもしれませんが、その抵抗感は捨てたほうがプラスです。むしろ、ノートの時点で自分の問いや仮説をチェックしてもらうことで、たとえば質問リストノートなら本番でポイントのズレた質問をしてしまうことを防いでくれるのですから。

グローバルな思考を助けるノート

マッキンゼーの一年先輩にYさんという人がいます。

マッキンゼー卒業後は、日本と米国を拠点にベンチャーキャピタルの仕事をされ、現在は、海外からのビジネスの立ち上げを日本を中心にアジア全域でされているのですが、Yさん曰く「ノートとは事実の積み上げだ」と言います。

とくに海外相手のビジネスでは、何事においても「根拠」が重視されます。根拠にまで落とし込んだ「サマリー」がなければビジネスの話は始まらないわけです。

そもそも、海外でのプロジェクトでは、多国籍で文化や母国語が異なる人たちが集まっていることが、ごく当たり前です。逆に言えば日本のように、大きなプロジェクトでも、ほとんど100%日本人だけのチームというほうがグローバルで見ると珍しいのかもしれません。

だからこそ、いろいろな**異なるバックグラウンドを持つ人たちを相手に情報を共有し、同じ目的のゴールに向かって問題解決をしていくには、「事実の積み上げ」という共通言語が必要**になります。

考え方や判断の基準、そしてそこに連なる文化や習慣は違っても「事実の積み上げ」は変わりません。AとBを比較したらAのほうが結果が良かった、という事実に関しては誰が解釈しても同じだからです。

Yさんは、そうした「事実」をきちんとブレット（箇条書き）形式でノートに書き込み、まとめることを常に大事にしていました。

Yさんが、海外のある食材を日本で広めるというスタディを行ったときのことです。当時、その食材は日本ではあまり流通していなかったため、どうすれば日本の消費者に受け入れられるかということが課題でした。

そこでYさんは「食材そのもののプロモーションよりも、その食材をいかに日本人に合った調理法で紹介するかがポイントになる」という仮説を立て、日本各地をフィールドインタビューして回っていたのです。

「好きな味」「好きな調理法」などを書き込んだカードを消費者に見せて、優先順位をチェックして、実際に食材を調理したものも食べてもらって感想を聞くインタビューを重ねたのですが、その中でYさんはあることに気がつきました。

じつは、地域によって、その食材を使った好きな調理法や味が異なることがわかったのです。海外では、その食材の調理法や好まれる味については、それほど地域差がなく、どこでも同じようなメニューが人気だったのですが、日本に関しては、たとえば東北では「煮込み」が好まれ、首都圏では「焼いたもの」が好まれるというように違いが明らかになってきました。

そこで、そうした「事実の積み上げ」をノートに書き込みながら調査を行い、「日本で展開するには、地域ごとに販促方法、プロモーションを変えるべき」というアウトプットを行い、日本での食材普及につなげたのです。

このケースは海外の食材を日本で広げていった例ですが、逆に現在は和食が「ユネスコ無形文化遺産」に登録されたこともあり、日本の食材が海外で紹介されるケースも増えています。

そこでは、日本では想像できないような調理法や味が好まれるかもしれません。その場合、Yさんのケースのように、しっかりとした「事実の積み上げ」をノートテイキングしていくことが大事になるでしょう。

Yさん曰く、マッキンゼーで学んだブレット（箇条書き）形式のノートがとても役に立っているとのこと。

今は、あるビジネスの立ち上げ期で、ビジネスの性質上、建設会社、資材供給会社、メーカー、自治体などさまざまな企業が関わる事業なので、事業を進めるにあたって、それぞれの組織の状況や条件などを市場の情報とともに、本社のメンバー、日本支社のメンバーに、アップデートしながら進めることが重要だとか。

そのとき各メンバーにアップデートを報告する内容をブレット（箇条書き）形式のノートでまとめると、次にやるべきことも明確になり、チームメンバーに確実にアップデートできるのだそうです。そうしてブレット（箇条書き）形式のノートのまとめを活用してメールしたり、会議の議題にして効率よく仕事を進めているそうです。

CHAPTER 4

マッキンゼー流
ノートで自分を磨く

マッキンゼーで出会った魅力的な人たちのノート術

この本の最初に、マッキンゼー流ノート術の目的は問題解決を行うために、ノートを「思考ツール」「問題解決ツール」として使うことだとお話ししました。

じつは、その目的の先に、もう一つ究極の目的があります。

いったい何かというと、マッキンゼー流ノート術の究極の目的は「自分を高めること」です。

極端に言えば、ノート思考が身につくことで、ノートを持たなくても、いつでもどこでも自分の思考がよどみなくクリアになり、しかもまわりから見ても魅力的に感じられるようなアウトプットができる人になることです。

実際、マッキンゼーには、問題解決のプロフェッショナルとして、また人間としてもとても魅力的な人がたくさんいました。

そうした人たちは、それぞれに魅力的なノートの使い方をしていて、まるでその人自身の中に「自分の価値を最大化できるノート」を持っているかのようでした。

優れたノート術を実践していくことは、その人自身を高めていくことにもつながるのです。

ノート術はたしかに大事ですが、そこにだけとらわれて「ノート術を究める」ことを目指すのではなく、その先にある「自分自身の魅力を究める」ことに意識を向け、そのためにノートを活用していくほうが、もっと素敵なことだと思うのです。

そこで、第4章では、私がマッキンゼーで出会った「自分を高める達人」たちの魅力的なノート術をご紹介したいと思います。

大前研一さんのノート術

ノート術1　自分の思考ノートが本に

設立間もなかったマッキンゼーの東京事務所（現日本支社）に入り、延べ500人以上ものコンサルタントを自ら教育し、育ててこられた大前研一さんですが、大前さんはもともとコンサルタント志向だったわけではなかったといいます。

ご存じの方も少なくないと思うのですが、大前さんは理工学部出身で原子力を扱ってこられたエンジニア。マッキンゼーに入られた当時は、コンサルティングファームの仕事については、まったくの門外漢でした。

最初は、コンサルティングや経営の現場で使われる専門用語を原子力用語に置き換えて理解しながら仕事をされたそうです。休日にも会社のライブラリーに籠もって、マッキンゼーが手掛けてきた問題解決事例のマイクロフィッシュ（印刷物を写真で縮小複写したカードタイプのマイクロフィルム）を読み込み、問題解決手法を頭に叩き込みながら、自分でノートを取られていました。

問題解決手法が理解できると、さらにその前段階として「なぜ、そもそも収益が悪化するのか」「シェアが低下するのはなぜなのか」といった、本質的な問題にも行き当たるのですが、そこでの「問題」を発見する手法は、まだ確立されていなかったのです。

この本でも述べてきましたが、「問題」には2種類あります。すでに「起こっている問題」

と、そうした問題を引き起こす要因となっている「目に見えない問題」です。問題解決においては、どちらの問題も重要ですが、コンサルタントとしての役割がより問われるのは後者の「目に見えない問題」です。

目に見える問題は現場レベルで「対処」ができますが、目に見えない問題に関しては、なかなか当事者だけでは「真の問題」そのものを見つけ出すことが難しいケースが多いからです。

そこで大前さんは、「真の問題」を見つけ、解決するために独自の思考をくり返し、気づいたこと、考えたことをノートに書き留めていきました。

しかも、単に思考を記録したものではなく、ノートテイキングしながら、自分が考えたことを整理し、本当にそれが正しいのか、正しいとしたらなぜなのかを**自分自身に説得させるように思考の深掘りもしていった**そうです。

そのノートが、そのまま問題解決のための思考ツールとなり、その後、大前さんの出世作である『企業参謀』(プレジデント社)、英語版『The Mind of The Strategist』として出版され、国内外でベストセラーとなったわけです。

まさにノートが人生を変えた一つの例と言えるかもしれません。

ノート術2 思考トレーニング

大前さんはノートで手を動かしながら、問題解決のための独自の思考ツールを生み出すと、今度はそれを使うトレーニングを頭の中で行うようになりました。

毎朝の通勤電車での約30分間を、思考トレーニングに使ったのです。電車に乗って、その日に最初に目にした中吊り広告などからテーマを決め、マッキンゼー東京事務所のあった丸の内の東京駅に着くまでの間に、車窓を眺めながら問題解決をやってみたそうです。

たとえば、調味料の広告が目に入ったら、自分がその調味料の販売促進をする立場になってみて、どうすればその調味料がもっと使われるようにできるのかを考えるのです。

そもそも、その調味料が使われるシーンはもっと増やせないのか、その場合、売り場はもっと他にないのか、プロモーションにはどんなことができるのか、といったことを集中して思考し、東京駅に着くときには自分なりのアウトプットをまとめていたといいます。

そのやり方に慣れてくると、今度は、さらに短い区間で、次の駅に着くまでの間に仮説を立て、分析をしてアウトプットをまとめるというような思考トレーニングを、毎日欠かさずにされたそうです。

大学ノート一冊分のメモがその
まま本になってベストセラーに。

そうしたトレーニングのベースになったのも、大前さんが自分でノートに手を動かしながら、思考整理や思考の深掘りのための「ノート思考」を身につけたからこそでしょう。問題解決のためのノート術は、究めていくとノートの中だけでは終わらずに、私たちの脳の中の「問題解決思考回路」も鍛えてくれるのです。

炭谷俊樹さんのノート術

マッキンゼーには尊敬すべき素敵な先輩がたくさんいました。炭谷俊樹さんも、その一人。

現在は「探究型教育」を掲げるラーンネット・グローバルスクール代表を務められ、神戸情報大学院大学学長や、大前研一さんが学長のビジネス・ブレークスルー大学大学院客員教授にも就任されています。

炭谷さんのノートの使い方は、私からすればすべてが有用なものばかり。ノートの取り方の秘訣をたくさん学びました。たとえば、ノートの取り方には「社内用」「社外用」の2つあると言います。実際、マッキンゼーの多くの先輩や同期が「社内用」「社外用」を意識してノートを取っていたと思います。

まず「社内用ノート」とは、イシューを明らかにするためのもの。イシューと自分の仮説を確かめ、どう検証していくかということを最初に明確にするためのもの。いろいろなことを書き込みながらも、必ずどこかにキーポイントを見いだしていくノートです。

もう一つの「社外用ノート」は、とにかくいろいろな情報を自分にインプットするためのノート。そのため、あえてまとめるような書き方はしないで、相手が言ったことをそのままひたすら書きます。

インプットのために「ひたすらノートに書く」というやり方は、優秀な先輩コンサルタントが共通してやっていたノート術です。

ノート術1　サマリーブログをつくる

問題解決の手法の一つに「プロフィットツリー分析」があります。

これは、事業やサービスなどの、どの要素を改善すれば利益を増やせるのかを分析していくものですが、その応用をノートでやるのも効果的だと炭谷さんは言います。

プロフィットというのは利益のこと。利益を構成しているのは「価格」「コスト」「販売量」の3つの要素です。もし、ある商品を販売しているのに利益が出ずに赤字になっているというのであれば、「価格」「コスト」「販売量」の３つの要素をそれぞれ細かくツリー形式で枝分かれ式に分析して、どの要素に改善の余地があるかを検討するのです。

そのやり方を応用して、たとえば、売り上げや集客数などの数字を分析し、時系列でトレンドを追っていくと、必ずどこかに「おや？」と思えるような動きを見せている点があります。そうした変曲点には、何か理由があるはず。

その変曲点の周辺状況を洗い出し、なぜ、そうした現象が起こったのかを考えてノートに書く習慣をつけるのです。

たとえば、ゲーム機器の売り上げデータを分析していて、ある年に20代のスマートフォン普及率が８割を超えたというデータがあるとすれば、そのタイミングで何が起こったのか、他に同期して伸びているビジネスは何かといったことを調べます。

すると、20代のスマートフォン普及率とソーシャルゲームの利用率がリンクしているのではないかという仮説を立てることができたり、そこから派生して、どのようなビジネスの仕組みに収益の可能性があるか、というようなことを考えるのです。

このときに、大事なことは分析そのものや、単に現象を読み解くことではありません。分析したことをノートに書いて終わりにするのではなく、「サマリーブログ」のようなかたちでアウトプットしてみるのもおすすめです。すると、**ブログを読んだ人の反応などから、自分の仮説や検証がグッとくるものになっているかどうかがわかる**のです。

また、その反応が自分のノートへの〝赤字機能〟にもなり、さらに**自分の仮説や検証をブラッシュアップすることにつながる**可能性もあります。

ノート思考を磨いて自分を高めていくためには、あえて他人に自分の思考結果をアウトプットして見せるということが効果的だということです。

ノート術2　「探究ノート」をつくる

問題解決と聞くと「困っていること」「どうにかしないといけないこと」というような、ちょっと重いイメージで考えがちですが、本来の問題解決には「本当はやってみたいこと」という、未来に向けた明るいものも含まれています。

ただし、どんなに「やりたい」「やれると楽しいだろうな」と思っていても、ただ思っているだけではかたちになりませんよね。

「やりたいこと」を実現させるために、必要なプロセスを考え実行するにはどうすればいいかを思考するのも、立派な問題解決です。

そこで「やりたいこと」を「やれること」に変えていくために炭谷さんがつくったのが「探究ノート」です。探究とは、誰かに与えられたテーマや課題ではなく、自分から「これがやりたい」というものを決め、実現のために自分で必要なものを集め、課題の解決策も考え、協力者も巻き込みながら実現の道を探し求めること。

もっと言えば、常に**「自分の能力や経験をどんなものに、どう使えば、どんなことができるだろう」というテーマを自ら探し出して生きる主体的で元気な生き方をするためのノート**です。

「やりたいこと」を実現させるために必要な要素は大きく3つです。「資金」「技術・ノウハウ」「人材」。この3つを最初から設定して、徹底的にディスカッションしながら磨き込んでいくのです。

もし、「やりたいこと」をどうやってつくっていくかという技術面ばかりを考えて進んでいくと、「すごくいいアイデアが出てきた」となっても、それをするには「資金」や協

「やりたいこと」を実現する「探究ノート」

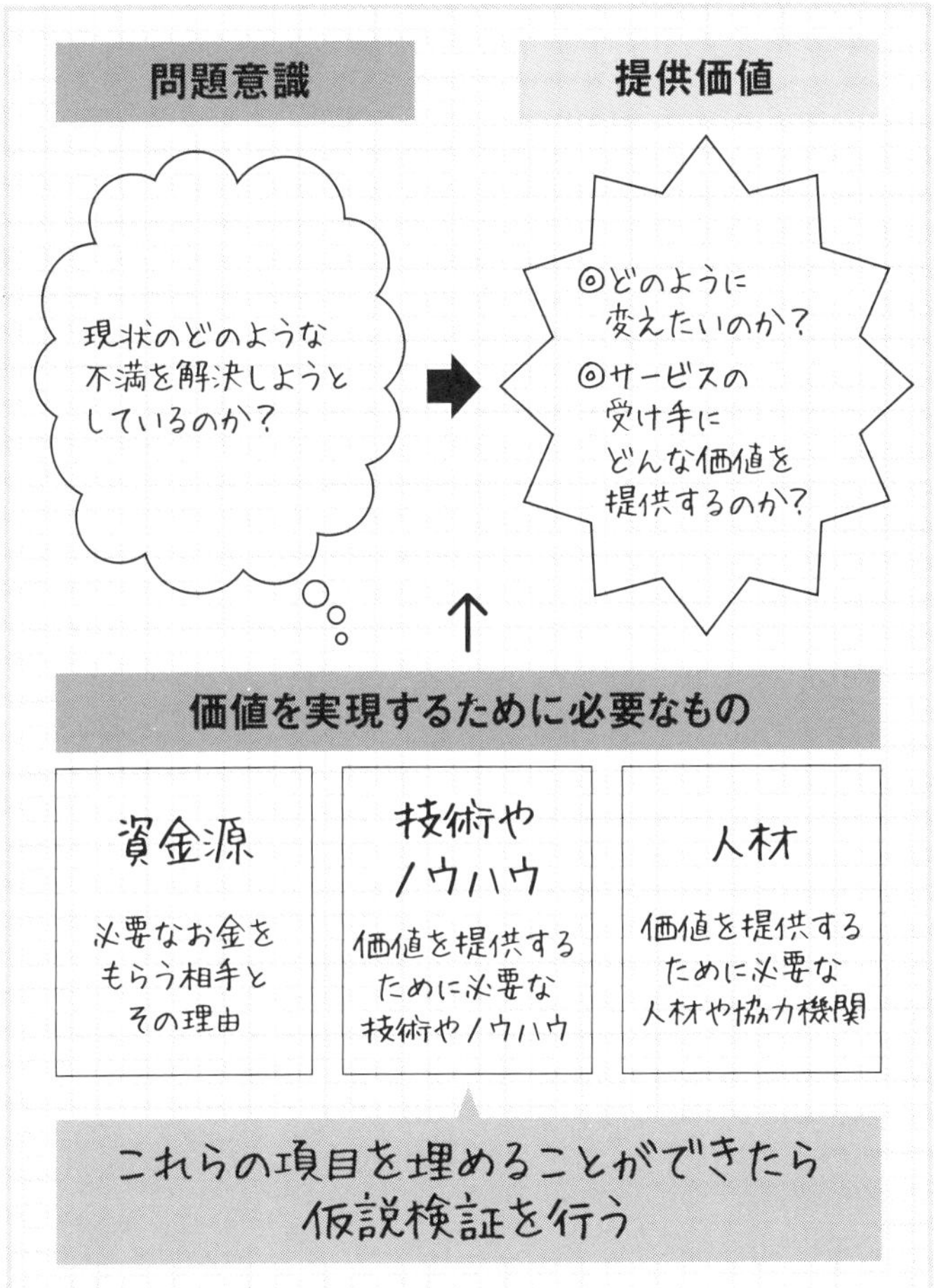

参考：『［実践］課題解決の新技術』（炭谷俊樹著・PHP研究所）

力してくれる「人材」が足りないから難しい……ということになるかもしれません。

そうした、もったいない事態にならないために「探究ノート」では、最初から問題になりそうな要素を漏れなく押さえて考えるようにしているというわけです。

自分の「五感が喜ぶノート」が自分を成長させる

この本では、これまでのノート術とは少し違った「ノート思考」のためのノート術を紹介しています。

一般的なノート術では、ノートの大きさや、ノートの中身の形式がどれがいいのかといったお薦めがされるでしょう。もちろん、この本でも問題解決のためのノート術として、アウトプットにつなげるための「最低限」のお薦めはしていますが、それらが絶対であるというものではありません。

そもそも「ノートの大きさ」にも正解なんてありません。正解があるとすれば「自分の使い勝手のよさ」にはまるものが正解です。

A4判サイズがしっくりくる人もいれば、B5判サイズでなければしっくりこない人もいるでしょう。手の大きさだって個々で違うわけですから、一律にどの大きさがベストとは言えません。

ノートの紙の質や罫線の色や太さも千差万別。それぞれに、目的に応じた特性や長所があるものです。

私の個人的な「使い勝手」でいえば、B5判サイズでノートそのものもあまり厚みのないタイプ。紙質はやわらかいもので、方眼よりもドットと罫線があるものが好みで愛用しています。

マッキンゼーでも人によっては、もっと小さなポケットサイズのノートを併用している人もいましたが、基本的に机の上で思考整理をするためのノートはB5判サイズ以上のほうが作業がしやすく、適度に余白もつくれるので思考の深掘りがしやすいと思います。

また、自分自身が成長するに従って、使うノートが変わっていくこともあります。自分の思考を成長させたい、変化させたいというときには、あえてノートを変えることもお勧めします。

大事なことは「何を使うか」ではなく、自分の思考が心地よいかどうか。五感が喜ぶものを使って、その中で思考を整理し深めていくことが何より重要なことです。私もそうだったのですが、ノートの使い方、道具はいろいろなものを試しました。トライ・アンド・エラーの精神でいろいろ試すのです。

そのプロセスもまた「自分にとってよいノートとはどんなものか」「自分に心地よいノートを使って自分を成長させるにはどうすればよいか」という〝問題解決〟につながっていくのだと思います。

プロのコンサルタントはどんなノートを使っているのか？

「マッキンゼーのコンサルタントはどんなノートをどんなふうに使っているんですか？」
という質問をよくされます。

マッキンゼー流ノート術の基本は、問題解決のため。だからこそ、コンサルタントはおのおの、問題解決のスピードとクオリティを最大化させることができる使い勝手のいいノートで、独自に最適化した使い方をしていました。

「どんなノートをどのように使えば、もっとも速く、クオリティの高い問題解決ができるのか？」

この問いの答えは、コンサルタントの数だけあるというのが正解かもしれません。

しかし、多くの優秀な先輩や同期のノートの使い方から、そこには結果を出すために外せない一定のノート使い方の法則があったのも事実。

この本でもご紹介してきたように、マッキンゼーの多くのコンサルタントは3種類のノートを使い分けていました。

情報収集やヒアリングには「ケンブリッジノート（罫線ノート）」を使い、それらの情報や他のデータを使って思考を整理したり、分析の仕方を考えたりするときには「方眼ノート」で手を動かします。

そして、アウトプットを作成するときには「マッキンノート」を使うという具合です。ルール化されているわけでもないのに、そのように一定のノート使いの法則があるというのは、そこに問題解決のためのノート術の鍵があるとも言えます。

そして、何冊のノートを日常的に使っているかという点では「ノート1冊派」と「ノート2冊派」に分かれます。

ノート1冊派　罫線ノートvs方眼ノート

私は、コクヨのドット入り罫線のB5判キャンパスノートを愛用。現在はグローバル企業でリーダーとして活躍している同期の一人はB5判ツバメノートを愛用しています。

彼は今も、このノートをベースにすべてを書き記しています。なぜツバメノートを選んだのかと聞くと、過去のノートはすべて保存する派なので、今後もなくならないであろうロングセラーのノートはどれか？という視点で選んでいるといいます。

表紙に使い始めた日付を入れて、あとで見返すときの検索機能として、日付を目印に使っているそうです。

ノート2冊派　1冊＋メモ帳ｖｓ罫線ノート＋方眼ノート

マッキンゼーの先輩の一人、炭谷さんは小さいメモ帳と方眼ノートを愛用。思いついたアイデアをその小さいメモ帳にどんどん書いていきます。そして、メモの内容をもとに思考を展開したり整理するときには、手触りのいいノートを使用していると言います。なぜ「手触り感」が大事なのかというと、手触りのよさが脳に刺激を与えてくれることで発想が促進されるからだとか。さらに、ずっと同じノートを使わず、そのときの感覚で別の色の表紙のノートを使ったりするそうです。

新しい色のノートを使うことで五感が刺激され、クリエイティブな仕事をするマインドが高まるのです。

また、ある先輩はブロックメモで有名な「ＲＨＯＤＩＡ」のメモ帳を愛用しています。思いついたことはここにメモ。そして、打ち合わせやプランニングをするときにはＡ４判の罫線ノートを使っています。必要があれば、「ＲＨＯＤＩＡ」のメモ帳をチェックしながら、プランニングするのです。

メモにも重要な箇所や何回も見る箇所には付箋を張っておきます。なぜなら、使用頻度が多いので、すぐに検索できるようにしておきたいからです。

ここで取り上げたのは、ノートの使い方の、ほんの一例です。皆さんは、どのタイプのノートの使い方が当てはまるでしょうか。最初から「これが正解」というものは見つからなくても、いろいろなノートの使い方を自ら試して、しっくりくるノートとその使い方を見つけることが大事です。

誰かに言われたから、メディアで紹介されていたからということで選ぶのではなく、自分にとっていちばんいいノートの使い方とはどんなものか？　という自問をしてみてください。

実際にノートを使って手を動かしながら、その答えを自分で見つけていく知的な作業こそがノート術の神髄なのですから。

番外編：成功を目指すための質問リストノートをつくる

もし、皆さんが「将来、自分で何かビジネスを起こして成功したい」「専門分野で業績を残したい」ということを考えていたら、何が成功の秘訣になるのか？　ということが明

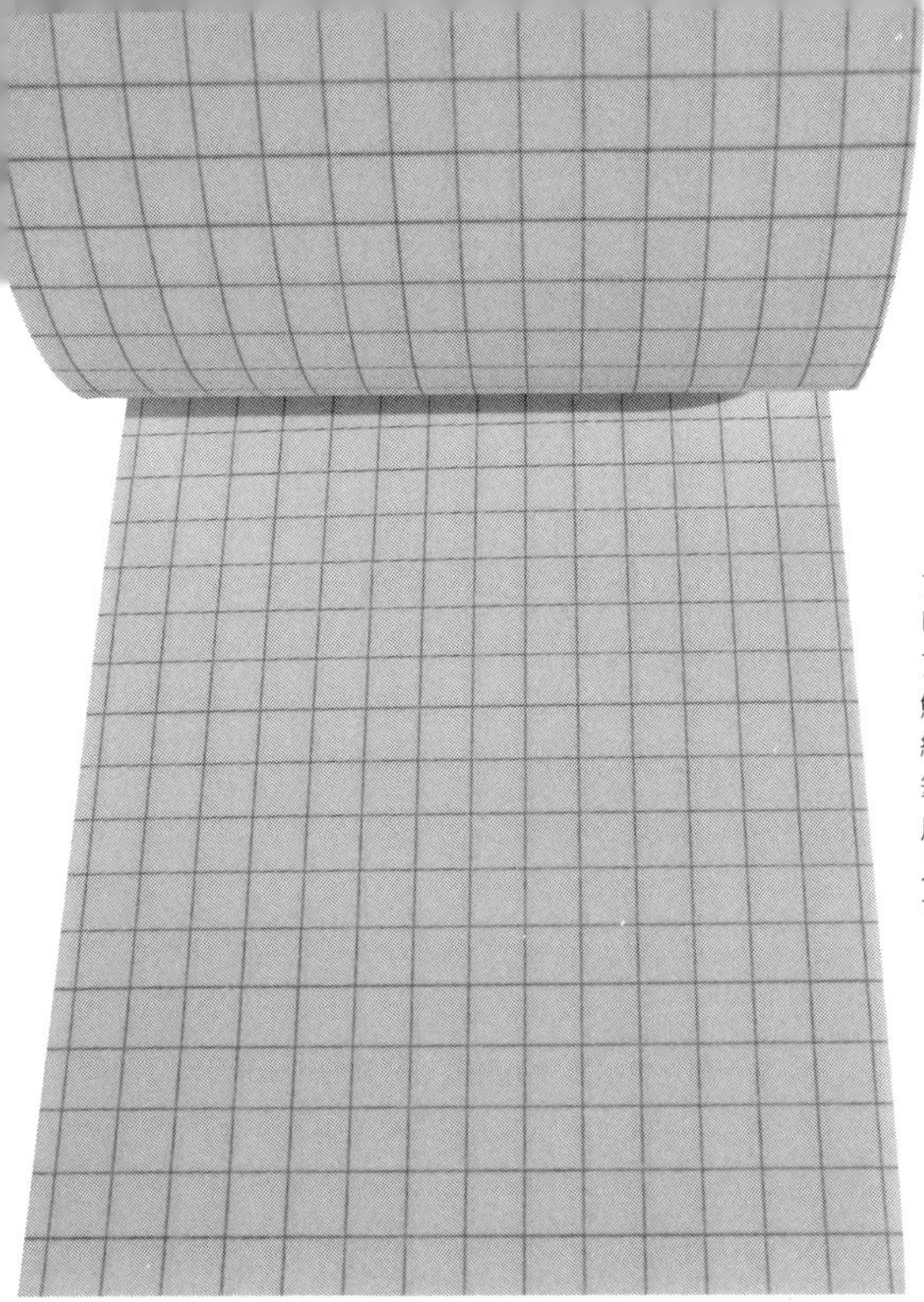

ブロックメモで有名な「RHODIA」。思いついたアイデアはすぐさまメモ。鮮やかなオレンジ色の表紙は折りたためるので、筆記のジャマにならない。用紙は方眼罫でミシン目入り。記入したあとはスマートに切り離し可能。

機能性とデザイン性を兼ね備えたキャンパスノート。打ち合わせやプランニング時の使用に便利。「RHODIA」のメモをチェックしながら罫線ノートでプランニングをすると、思わぬアイデアに発展することも。

確になるような「質問リスト」を持っておくといいかもしれません。

例えば、

Q　成功するためにいちばん大切にしていることは？

Q　将来の夢は？

Q　なぜその夢を実現したいのか？

Q　夢の実現のためにどんなことをやっているか？

Q　毎日どんなことを習慣にしているか？

Q　朝は早く起きているか？

Q　週末や休日はどんなふうに過ごしているか？

といった成功のための行動や姿勢といった秘訣を引き出すような質問リストノートをつくっておきます。

この同じ質問リストを、皆さんが出会う「目標達成した人」「結果を出している人」にどんどん聞いていくことで定量・定性のデータを蓄積していくのです。

仮に、１０００人に同じ質問をしてその答えを蓄積しておくと、「成功者には、こんな共通点があった」「これが成功のイシューなのではないか?」というような深い洞察や気づきを得ることができるはずです。

それらをまとめれば、貴重な情報ソースになり、ブログやFacebookでサマリー化して発信したり、出版のネタになる可能性もあります。

とくに外部の人との接触やヒアリングなどの仕事の多い人は、自分の関心のあるテーマについての質問リストノートをつくることをお勧めします。

心を整えるノート術

さて、自分自身を成長させよう、いろいろな問題を解決させようとどんなに頑張っていても、人間なので「何かモヤモヤする」ということがあると思います。

もちろん、私だってあります。そんなときもノートを使ってモヤモヤを減らすのです。

まず、ノートに真っ黒になるまで、自分が気になっていること、心配していること、モヤッとしていることを書き出します。

このとき、決してきれいに書こうなどとは思わないでください。殴り書きでも大丈夫。あとで読み返せるかどうかなど気にしない。モヤモヤした気持ちをノートに転写するかのごとく、どんどん書き込んでいきましょう。すると、あるとき、気持ちがスッキリするタイミングが訪れます。

そして気が済むまでノートに書き出したら、そこでノートを閉じて、ちょっと外を散歩でもして自分を整えるのです。できれば、緑のある公園や水辺の道などがいいかもしれません。

そして、ちょっと気持ちが軽くなって帰ってきたら、また「モヤモヤノート」を開きます。

今度は、ペンの色を替えて（私はお気に入りのオレンジかピンクのペンを使うのですが）、まるで自分自身のコーチになったつもりで、さっき書き出した「気になること」「モヤモヤしていること」に対して客観的なアドバイスを書き込んでいくのです。

（それは、案外、たいした問題ではないかも）

（少しずつやればできるよ）

そんなふうにセルフコーチングの観点でノートに書き入れていくと、「あれ？ そんなに

心を整えるノート

気になってること モヤモヤしてること		セルフアドバイス
●新しいプロジェクトがうまくいくだろうか？	→	今までも新しいことに挑戦してきたのだから大丈夫！
●あと3キロダイエットしたいのに一向に体重が減らない……	→	目標設定を1キロにして、達成したらまた1キロというやり方もあるよ
●友人にメールしたのに返信がない。何かマズいことを書いたかな……	→	メールが届いていないか忙しいのかも 別件で連絡してみたらいいかも
●ネット通販で買った品物が期待外れだった。返品しようかどうしようか	→	手数料がかかっても返品したほうがスッキリするよ
●今期は結構頑張って結果出したのに評価がイマイチだったのはなぜ？	→	不満を伝えるのではなく、次に頑張るためのアドバイスをしてもらえばいいかも

気にするほどでもないな」とモヤモヤがクリアになっていきます。

頭の中だけで、そうやって思い込もうとしても難しいのですが、あえて「モヤモヤ」をノートに書いて、そこに違う色でアドバイスを書くことで不思議に客観的に見られるようになるのです。

振り返りノート術（自問自答ノート）

自分はどんな人生を歩みたいのか、どんな仕事をしたいのか、どんな貢献をしたいのか。

人生をよりハッピーに設計するためには、自分自身を振り返るノート、「私の振り返りノート」をつくることをおすすめします。

この振り返りノート術には、その用途別にさまざまな種類があるのですが、今回は「自分を知る」ための簡単なノート術についてご紹介します。

自分にどんな強みがあるのか、どんなことが得意なのか、どんな成果を残してきたのか、どんなときにいちばんワクワクするのかなどの問いに答えていき、自分の強みや大切にしたい価値観や信条を明確にしていくのです。これをすると、自分自身をより深く知ることができ、それはそのまま人生設計の土台となる情報を得ることになります。これを6ヶ月ごと、1年ごとにアップデートしていくといいでしょう。

同時に、実現できたこととまだできていないことのリストアップ、やりたいことのリストアップなどのノートもつくります。

この振り返りノートをつくることで、自分が何をしたいのか、それを達成するために何をしたらいいのか、いま何に集中したらいいのかといったことが明確になっていくことでしょう。

この振り返りノートを書くときには、まず心にモヤモヤのない状態で振り返ることが大切です。心の中にモヤモヤがあると、それに影響を受けてしまいネガティブな発想になってしまうので注意が必要です。

③いま、気になっていることや自分の課題を知る

●何が気になっているのか？ 何が課題か？

(　　　　　　　　　　　　　　　　　　　　　　　　　　　　　　　　)

●なぜそれが気になるのか？ なぜそれが課題だと思うのか？

(　　　　　　　　　　　　　　　　　　　　　　　　　　　　　　　　)

●どうしたいのか？ どんな状態になりたいのか？

(　　　　　　　　　　　　　　　　　　　　　　　　　　　　　　　　)

●気になること、課題を解決して、なりたい状態になるために何をするか？

(　　　　　　　　　　　　　　　　　　　　　　　　　　　　　　　　)

④今後やりたいことを知る

●今後やりたいこと、達成したいことは何か？(6ケ月後、1年後)

(　　　　　　　　　　　　　　　　　　　　　　　　　　　　　　　　)

●その結果、どんな状態になりたいか？

(　　　　　　　　　　　　　　　　　　　　　　　　　　　　　　　　)

⑤今後身につけたいスキルや経験を知る

●今後やりたいこと、達成したいことのために身につけたいスキルや経験は何か？

(　　　　　　　　　　　　　　　　　　　　　　　　　　　　　　　　)

⑥自分を制限するメンタルモデルを知る

●今後やりたいことを進めていく際に、何が障害(自分で自分を止める「声」)になりそうですか？

(　　　　　　　　　　　　　　　　　　　　　　　　　　　　　　　　)

●その障害が現れたら、どうしますか？

(　　　　　　　　　　　　　　　　　　　　　　　　　　　　　　　　)

「自分振り返りノート」で人生設計をアップデートする

自分振り返りノート（簡易版）

①自分の強み、好きなこと、大切にすべきことを明確にする

●得意なこと、あるいは人からよく褒められることは何か？
（ ）

●どんな状態、どんなことをしている時に充実感ややワクワク感を感じるか？
（ ）

●人生でもっとも大切にしていることは何か？（価値観、信条、行動規範など）
（ ）

上記の振り返りから……

●自分の強みは何か？
（ ）

●ワクワクすること＝好きなことは何か？
（ ）

●大切にしたいことは何か？
（ ）

②うまくいったこと（成果、達成）から現在の自分を知る

●何を達成したか？（直近6ケ月、1年）
（ ）

●うまくいった要因は何か？
（ ）

●どんな経験をして、そこから何を学んだか？
（ ）

おわりに

ノートを人生を良くするツールに

――人間は善良だけれど怠惰だ。


あるマッキンゼーの先輩に言われ、思わずノートに書き取った言葉です。

たしかに、そのとおりかもしれません。

私たちは、基本的には「よく生きたい」と考えています。プライベートも仕事も、まわりの人たちに喜ばれ、また自分自身も幸福感を感じ、満足感を得られるようでありたいと思っています。

しかし、なかなかそのようにいかないことが多いのも現実です。いろいろな「困ったこと」「解決しないといけないこと」が起こると、つい、楽なほうに流されてしまいそうになるものです。本当は、もっと深く追求していけばもっといい解決ができそうだと感じていても、目の前に楽な選択肢があれば、それを選んでしまうのも人間です。

だからこそ、その先輩は「人間は怠惰だからこそ、それでも自分を動かせる仕組みが必要なんだよ」と教えてくれました。

本当はこうありたい、もっとこうしたい。

私たちは、日々、ビジネスでもプライベートでも、あるいは世の中のことでも、そうした〝問題〟をたくさん抱えています。生きることは問題解決そのものだと言ってもいいくらい。

そこで、最終的に自分の人生を納得できるものにできるかどうかは、「自分で選んだ」という実感を得られているかどうかだと思うのです。

本意ではないのに流されてしまったり、考えるのが面倒で適当な選択をしてしまうと、やっぱりどこかで「よく生きられていないなぁ」という気持ちが生まれてしまいます。

自分の手を動かし、ノートをうまく使うことは、周囲の状況に流されてしまったり、根拠のない安易な選択をしてしまうことのガードとなるもの。

そういった意味でも、この本でお伝えした「マッキンゼー流の問題解決のためのノート術」は、ノートを人生をよくするツールとして使って、自分の手を動かして「自分で選んだ」と感じられるものを増やしていくためのものです。

最初はこの本に書かれているノート術を真似するところからでもかまいません。

しかし、最終的には、それも自分に合っているか、本当に自分にとって効果的か、いい意味で疑ってみてください。たくさんの人が、よい未来、よい結果をもたらすために「自分が選んだのはこれだ」と言えるものを持ち、その根拠とアクションを示して実現できるようになること。

そのためのお手伝いをすることが、この本の役割です。

最後にマッキンゼー時代の上司、先輩、同期に感謝を伝えたいと思います。

とくに今回のノート術を執筆するにあたって、稲田将人さん、岩瀬秀明さん、織山和久さん、炭谷俊樹さん、辻信之さん、安井健太郎さん、そして切磋琢磨した同期からは、貴重な時間を割いてもらってたくさんのインスピレーションをいただきました。ありがとうございました。

この本を通して、ノートに対する考え方や姿勢がこれまでとは少しでも変わったという人が一人でも増えれば、本当に嬉しく思います。

2015年2月

大嶋祥誉

参考文献

『考える技術』大前研一著（講談社）

『実戦！問題解決法』大前研一／斎藤顕一共著（小学館）

『実戦 課題解決の新技術』炭谷俊樹著（ＰＨＰ研究所）

『PRESIDENT』2010年７月19日号（プレジデント社）

大嶋祥誉（おおしま さちよ）

センジュヒューマンデザインワークス代表取締役。エグゼクティブ・コーチ、組織開発・人材育成コンサルタント。上智大学外国語学部卒業。米国デューク大学 Fuqua School of Business MBA 取得。米国シカゴ大学大学院人文科学学科修士課程修了。マッキンゼー・アンド・カンパニーでは、新規事業のフィージビリティスタディ、全社戦略立案、営業戦略立案などのコンサルティングプロジェクトに従事。その後、ウイリアム・エム・マーサー、ワトソン・ワイアット、グローバル・ベンチャー・キャピタル、三和総合研究所にて、経営戦略や人材マネジメントへのコンサルティングおよびベンチャー企業支援に携わる。2002年より独立し、エグゼクティブ・コーチング、組織変革コンサルティング、チームビルディングやリーダー開発に従事する。著書に『マッキンゼー流 入社１年目 問題解決の教科書』『マッキンゼー流 入社１年目 ロジカルシンキングの教科書』（共にSBクリエイティブ）、『マッキンゼーのエリートが大切にしている39の仕事の習慣』（アスコム）がある。

マッキンゼーのエリートは ノートに何を書いているのか

トップコンサルタントの考える技術・書く技術

2015年２月26日　初版第１刷発行

著　者　大嶋祥誉
発行者　小川　淳
発行所　SBクリエイティブ株式会社
〒106-0032 東京都港区六本木2-4-5
電話 03(5549)1201(営業部)

装　丁　渡邊民人(TYPEFACE)
写　真　©Tom Collicott/Masterfile/amanaimages
本文DTP　小林麻実、大槻ゆき(TYPEFACE)
編集協力　ふみぐら社
編集担当　吉尾太一
印刷・製本　中央精版印刷株式会社

 ISBN978-4-7973-8201-3

巻末付録 思考整理に役立つノート一覧

※サイズなどの仕様は一例です

P.49参照

NOBLENOTE
ライフ

A5　方眼

専用の用紙を用いた滑らかな書き心地と下町の職人の手による丈夫で美しい製本が特徴。文具の老舗のこだわりを感じる。

P.53参照

CAMBRIDGE
キョクトウ・アソシエイツ

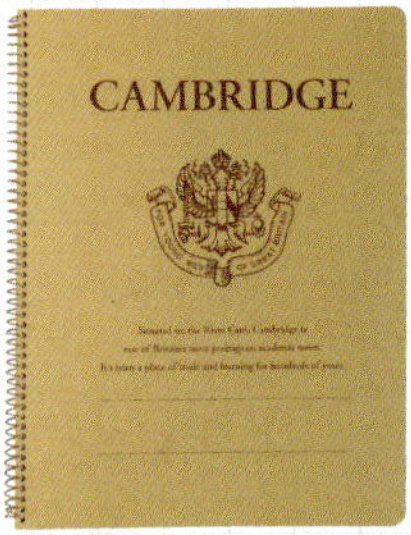

A4変形　7mm罫

イギリスの名門大学名を冠したノート。がっしりとした表紙・背表紙のおかげで、机のない場所でもノートを取りやすい。

P.209参照

BLOC RHODIA
ロディア

メモパッド　方眼

メモと言えばRHODIAという愛用者も多いフランスの世界的なブランド。丈夫で持ち運び自在。大きさの種類も豊富。

P.209参照

Campus ドット入り罫線
コクヨ

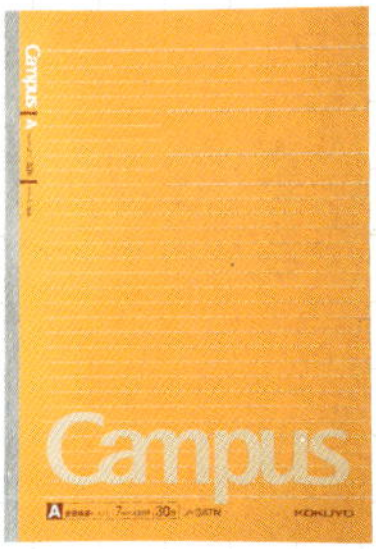

B5　7mm罫

ノートのベストセラー「キャンパス」のドット入り罫線シリーズ。ドットが目印になり見やすく美しく書くことができる。

Project Paper
オキナ

A4　方眼

ミシン目で切り取ると、ちょうどA4サイズになるリングノート。ブルーの方眼はコピーしたときに映りにくいのが特徴。

コーネルメソッドノート
学研ステイフル

B5

アメリカの名門コーネル大学で開発されたノート。キーワード、サマリーを書くエリアがあることで情報整理がしやすい。

滑らかな書き味のノート
無印良品

A5　6mm罫

万年筆での筆記も可能な上質紙のノート。無線綴じノートながら机の上で開いたときも閉じにくく安定感がある。

Artisan
協和紙工

A5　7mm罫

紙の町、四国愛媛で生まれた高品質ノート。高密度で滑らかな仕上げの専用紙は万年筆の筆記適性をクリアし裏抜けしない。

エトランジェ セクションパッド
エトランジェ ディ コスタリカ

B5　方眼

ヨーロッパのオシャレな雰囲気が漂うレポートパッド。実は日本製で機能性と高い品質を兼ね備えている。

Rollbahn ポケット付きメモ
DELFONICS

方眼

ドイツ語で「滑走路」の意味を持つデザイン性の高いメモ帖。ゴムバンド付きで表紙が開くのを防いでくれる。

測量野帳
コクヨ

LEVEL　罫線

屋外での測量作業用に開発され50年以上不変のポケットサイズのメモノート。アウトドアの趣味の記録などにも活躍。

クロッキーブック
マルマン

無地

図形も描けるメモ帖として、アイデアスケッチにも最適。スケッチブックの定番メーカー製だけに鉛筆の走りがいい。